A champion
is someone who gets up when he can't.

—Jack Dempsey

享誉全球拳击界
经典教科书
国际拳击名人堂拳王力作

拳王格斗

爆炸式重拳与侵略性防守

[美] 杰克·邓普西 著 ★★★★★ 史旭光 译

Championship Fighting

Explosive Punching & Aggressive Defense

北京科学技术出版社

图书在版编目（CIP）数据

拳王格斗：爆炸式重拳与侵略性防守 / (美) 杰克·邓普西著；史旭光译．— 北京：北京科学技术出版社，2022.3

书名原文：Championship Fighting: Explosive Punching and Aggressive Defense

ISBN 978-7-5714-1861-8

Ⅰ．①拳… Ⅱ．①杰… ②史… Ⅲ．①拳击－教材 Ⅳ．① G886.1

中国版本图书馆 CIP 数据核字（2021）第 198438 号

策划编辑：苑博洋
责任编辑：苑博洋
责任校对：贾　荣
封面设计：何　瑛
版式设计：创世禧
责任印制：张　良
出 版 人：曾庆宇
出版发行：北京科学技术出版社
社　　址：北京西直门南大街 16 号
邮政编码：100035
电话传真：0086-10-66135495（总编室）
　　　　　0086-10-66113227（发行部）
网　　址：www.bkydw.cn
印　　刷：三河市国新印装有限公司
开　　本：889 mm × 1194 mm　1/32
字　　数：185 千字
印　　张：8.625
版　　次：2022 年 3 月第 1 版
印　　次：2022 年 3 月第 1 次印刷

ISBN 978-7-5714-1861-8

定　　价：89.00 元

序

拳击被称为“勇敢者的运动”，是一种紧张、刺激、对抗性较强的运动形式。早在古希腊和罗马时代，就已有许多关于拳击的生动记载。随着时代的变革和社会的发展，拳击运动也在不断改进和完善。自职业拳击出现以来，短短几百年的时间，拳击这种运动形式愈发普及开来。这与许多伟大拳手的榜样作用是分不开的，比如早期的舒格·雷·罗宾逊、乔·路易斯、杰克·邓普西，当代的穆罕默德·阿里、迈克·泰森以及曼尼·帕奎奥，等等，无一不是拳台上的偶像级人物。

在上述这些拳王中，杰克·邓普西是最为特殊的一位，他是我们那个年代的拳手最喜爱的拳王之一，他很会打拳，而且也很会教人打拳。他在 1950 年撰写的这本《拳王格斗：爆炸式重拳与侵略性防守》是拳击教学的经典著作，每一位教练员和拳击爱好者都应该读一读。我不是厚古薄今，邓普西的拳击技术并不过时，他的很多格斗理念到现在仍然值得我们反思。

拳击是能动变化的对抗性运动，拳手打出的每一拳都需要具备一定的爆发力和速度，无力的出拳不足以给对方造成威胁，取胜的机会也就不大。邓普西在这本书中一直不遗余力地强调“出拳的完整性”，并向读者解释“出拳意味着什么”，以及为什么要“优先学习出拳”，其最终目的就是为了能够让读者逐步练就自己的“爆炸式重拳”。防守也是必不可少的技术，但在拳击比赛中，还是应当以进攻为主，完全防守的被动现象往往意味着失败。为此，邓普西特别提出了“侵略性防守”，他认为“每一个防守动作都必须伴随着或紧跟着一记反击”。这一理念无疑是正确的，应当引起大家的重视。

此外，拳击比赛要想好看，还是要进攻，这也是我在中央电视台做拳击评论员时一直强调的。邓普西是那个时代最具商业价值的运动员，泰森过了这么多年还是为拳迷所津津乐道，这些都证明了这一点。近几年我国职业拳击发展迅猛，成果喜人。在商业化运作的同时，也需加强赛事本身的观赏性，切不可本末倒置，忘记了初衷。

受邀为杰克·邓普西的图书中文版作序，我欣然答允。希望看到更多关于拳击的好书出版，助力我国拳击事业崛起。

王国钧

中国国家拳击队首任总教练

中央电视台体育频道特邀拳击评论员

引言

被遗忘的王者——杰克·邓普西

说起拳击，几乎每位拳迷都知道穆罕默德·阿里（Muhammad Ali），一个伟大的传奇。然而，在1971年3月8日，他与乔·弗雷泽（Joe Frazier）于美国纽约麦迪逊广场公园进行首场对决之前，现场观众却齐声高呼着一个人的名字："We want Dempsey！ We want Dempsey！"（我们要邓普西上台！我们要邓普西上台！）名叫邓普西的老者应声登上拳台，现场的欢呼声更加热烈了……

这是一个久违的名字，在阿里口中，他是"有史以来最伟大的拳王之一"，在拳迷心中，他是最强悍、最恐怖的重量级王者，也是现代拳击运动中第一位真正意义上的超级巨星。美国权威拳击杂志《拳台》（*The Ring*）在2017年4月组织业内专家（包括拳击教练、媒体、推广人和拳击史学家）结合个人成就、影响力、赛场表现及对手水平等诸多因素对拳手进行投票，并根据得票情况对他们进行排名，评选出了历史上最伟大的 20 位重量级拳王，杰克 · 邓普西（Jack Dempsey）排名第六［大众所熟知的迈克 · 泰森（Mike Tyson）排名第九］①。如将视野扩展至整个拳坛，不受量级限制，那么，在拳击历史上前 100 名最佳拳手的排名中，杰克 · 邓普西仍高居第七位（《拳台》杂志在 2003 年所做的评选）。然而，这位昔日赫赫有名的王者，在今天看来，似乎已经被遗忘了。

杰克 · 邓普西，原名威廉 · 哈里森 · 邓普西（William Harrison Dempsey），1895 年 6 月 24 日出生于美国科罗拉多州马纳萨镇（Manassa, Colorado）。由于家境贫寒，他 8 岁起就不得不外出打工，第一份工作是在汽船温泉镇（Steamboat Springs）附近的一家农场内采摘庄稼。此后几年，他既当过矿工，也做过牛仔。成年后的邓普西经常说，他最喜欢的三份工作是打拳、开矿和牧牛，而且三者中的任何一项都能让他乐在其中。那段时间，邓普西的哥哥伯尼（Bernie）在洛基山贫困小镇上的酒吧靠打拳赚钱贴补家用，邓普西的拳术启蒙是从他哥哥这里开始的。伯尼让他咀嚼松脂来强壮下巴，并把脸泡在盐水中以坚韧皮肤。12 岁时，邓普西随家人定居犹他州普罗沃（Provo, Utah），他在那里接受小学教育，读至八年级便辍学开始全职工作。5 年后，邓普西已成了身强体壮的小伙子，拳技也日渐成熟，他发现相比

① 按照排名顺序，前 10 位拳王依次是：穆罕默德 · 阿里、乔 · 路易斯（Joe Louis）、杰克 · 约翰逊（Jack Johnson）、洛奇 · 马西亚诺（Rocky Marciano）、拉里 · 霍姆斯（Larry Holmes）、杰克 · 邓普西、乔治 · 福尔曼（George Foreman）、乔 · 弗雷泽、迈克 · 泰森、索尼 · 利斯顿（Sonny Liston）。

于干那些杂活，打拳的收入更高，于是踏上了专职打拳的道路。

在1911年至1916年间，邓普西不断游走于各个矿区小镇，参加各种业余拳击比赛。他常在酒吧口出狂言，以刺激他人与之交手："我不会唱歌，也不会跳舞，但我能打败在场的每一个混蛋。"若有人应战，一旁看热闹的观众会伺机下注，这是邓普西的主要收入来源。那段时间，盐湖城（Salt Lake City）的彼得·杰克逊酒吧（Peter Jackson's Saloon）是他经常出现的场所，也是在那里，"黑小子"（Kid Blackie）的绰号才开始广为人知。在盐湖城的首场比赛中，邓普西一拳放倒对手，让所有人大跌眼镜，赛事组织者极为恼火，非常不甘心，在向邓普西支付费用之前，又让邓普西打了一场。对于那段经历，邓普西日后回忆道："我年轻时经常被打倒。尽管我想一直躺在地上，但我不能那么做。我必须为了那两美元去奋力打拼，否则就会挨饿。所以，我不得不站起来。我是一位时刻受饥饿困扰的斗士。为了三五美元，你可以用力捶打我的下巴。当你两天粒米未进时，你就会明白了。"

"黑小子"时期的杰克·邓普西，1914年

彼时，伯尼也在靠打拳谋生，所用的绰号是“杰克·邓普西”，这是19世纪末世界首位中量级拳击冠军约翰·爱德华·凯利[1]（John Edward Kelly）征战拳坛时使用的名字。1914年的某一天，伯尼病倒了。当晚，邓普西以哥哥的名义出战，并在比赛中一举击败对手，自此“杰克·邓普西”之名便落到了弟弟头上，最终响彻世界拳坛，甚至盖过了约翰·爱德华·凯利的风头。到了1917年，杰克·邓普西声誉渐隆，已能在旧金山（San Francisco）以及美国东海岸参加水平更高、报酬更丰厚的职业赛事。

杰克·邓普西 vs 杰斯·威拉德

1919年7月4日，美国独立纪念日之际，杰克·邓普西迎来了生命中最重要的时刻——在体重、身高、臂展均不占优势的情况下，对战当时的世界重量级拳击冠军杰斯·威拉德（Jess Willard）。仅从外在身体条件来看，杰

① 约翰·爱德华·凯利（1862.12.15—1895.11.1），爱尔兰裔美国拳击手，以“无可匹敌的杰克·邓普西”（Nonpareil Jack Dempsey）之名闻名拳坛，是世界首位中量级拳击冠军，曾统治该级别长达7年（1884—1891）。

斯·威拉德比杰克·邓普西重约30公斤，而且高他一头，大众普遍不看好杰克·邓普西，甚至连邓普西的经纪人也一再嘱咐，如果被威拉德击倒，宁可躺在拳台上输掉比赛，也不要站起来丢掉性命。然而，杰克·邓普西却以强悍的拳风、高超的拳技、迅猛的力量和速度以及冷酷的打法掌控了局面。比赛只进行了3个回合，第4个回合一开始，杰斯·威拉德直接放弃了比赛，杰克·邓普西通过技术性击倒的方式赢得了世界重量级拳击冠军的头衔。事后，有观众评论："邓普西就好像是刚从笼子里放出来的野兽一样，硬生生地将对手撕成了碎片。"要知道仅在第1回合，邓普西就把对手打倒了六七次。赛后的杰斯·威拉德遍体鳞伤[①]，其惨状被认为是拳击历史上最凶残的8次受伤之一，而邓普西也自此成了后辈拳手学习、效仿的对象。

> 我每天晚上都会反复观看那些比赛，他们太残忍了！杰克·拉莫塔[②]（Jake LaMotta）、亨利·阿姆斯特朗[③]（Henry Armstrong）、卡门·巴西里奥[④]（Carmen Basilio）、舒格·雷·罗宾逊[⑤]（Sugar Ray Robinson）。

---

① 据赛事记录，杰斯·威拉德的下巴骨折、肋骨骨折，面部也有几处深度塌陷，并掉落了几颗牙齿。"邓普西是一位非凡的打手。这是我第一次被打倒在地。我以前的对手也有过类似遭遇，我现在能体会到他们的感受了。"威拉德赛后如此说道。

② 杰克·拉莫塔，传奇拳击手，国际拳击名人堂成员，世界中量级拳击冠军，广受好评的拳击电影《愤怒的公牛》便是以他为人物原型创作的。

③ 亨利·阿姆斯特朗，传奇拳击手，国际拳击名人堂成员，世界上唯一同时保持3个不同级别（最轻量级、轻量级和次中量级）世界拳击冠军头衔的拳手。

④ 卡门·巴西里奥，世界次中量级拳击冠军，曾与多位伟大的拳手有过恶战，包括舒格·雷·罗宾逊。在79场比赛中仅被击倒过1次。

⑤ 舒格·雷·罗宾逊，传奇拳王，国际拳击名人堂成员，被公认为历史上最伟大的拳王。

天啊，舒格·雷绝对够残忍！但杰克·邓普西比所有人都要凶猛！那些家伙会让你意识到他们想杀了你，他们会一次次地向你出拳，直到你晕过去，这是他们能屹立拳坛的原因。在他们当中，舒格·雷·罗宾逊无疑是表现最好的。但邓普西呢？他想把你打残！他不想弄死你，他想让你活生生受罪。他想打烂你的眼眶，击碎你的脸颊、你的下巴。这是我从邓普西先生那里学到的，我坚信我可以学得很好。

说出上面这番话的是一位国内拳迷耳熟能详的拳王，在大多数人心目中，他的名字几乎等同于拳击。没错，他就是迈克·泰森，身为众多拳迷偶像的他将杰克·邓普西奉为自己的偶像。对他来说，偶像的意义，不仅仅是精神层面或言语上的致敬，还包括技术层面的效仿。杰克·邓普西以小打大的技战术运用和凶残勇猛的拳击风格给泰森留下了深刻的印象，他想成为邓普西那样的人，他热衷于反复观看邓普西的比赛，并潜心研究邓普西的动作及打法，其独具特色的蹲身摇摆式躲闪位移（俗称“躲猫猫”）并辅以钩拳反击被看作杰克·邓普西的翻版，他甚至在社交媒体上将一则自己训练的视频命名为“邓普西躲闪”（Dempsey roll）。“我很尊重这些拳王，我相信他们所说的一切，对我而言，他们的话就是我的拳击圣经。这些伟大的拳击手展示了巅峰对抗，杰克·邓普西能像狂风暴雨一样摧毁对手……（当时）我还没有树立起自己的形象，我从这些伟大的拳王身上受到了启发，我必须像他们那样做，才能跟他们一样伟大。”

泰森是这么说的，也是这么做的。2000 年 6 月 24 日，泰森对战卢·萨瓦雷瑟（Lou Savarese），在首回合强势且带有荒唐性质的击倒获胜之后，面对媒体采访，泰森大声咆哮："我是最棒的！我是有史以来最野蛮、最凶残、最无情的拳王。没人可以阻止我前进……我是索尼·利斯顿，我是杰克·邓普西。没有人能像我一样。我是从他们那儿来的……"泰森的教练库斯·达马托曾教导泰森："你必须把自己想象成自己想成为的那个人。"显然，泰森做到了。

尽管泰森的话语稍显癫狂，但他和邓普西在拳台上的表现确实有诸多相似之处：他们的打斗都极具侵略性，都十分勇猛凶残，都擅长将对手快速击倒，都有着极为出色的战绩，并且都逐渐成了拳坛传奇。既然同为传奇，自会引发好事者的比较。众多拳迷借网络发问："如果 1919 年的杰克·邓普西遇上 1988 年的迈克·泰森，两人对打，结果会怎样？"甚至有拳迷细致推演了两人交手的情形，其结果是杰克·邓普西在第 3 个回合击倒获胜。

与几十年后的迈克·泰森一样，当时的拳迷对新晋世界重量级拳王杰克·邓普西也充满了敬畏，并给了他新的绰号——"马纳萨大锤"（Manassa Mauler①），这个绰号极为贴切地表达了邓普西的拳击风格：不可战胜、凶猛、极强的爆炸性。与威拉德一战后，邓普西立即享誉世界，成为拳坛新贵，开启了自己长达 7 年（1919—1926）的重量级统治时代。然而，他在博得大名的同时，也为名所累。第一次世界大战期间，邓普西未能去军队服役。事后，他被曝光了一张臭名昭著的照片。照片上，

---

① Mauler 的意思是使用木槌的人，以及粗暴且能给人带来伤害的人。

杰克·邓普西在造船厂工作的照片

他穿着工装裤，据说是在费城的一家造船厂工作，可是脚上却穿着锃亮的漆皮鞋，这让公众感到被愚弄了。于是，公众（包括对他感到愤恨的前妻）开始对他“逃兵役”一事再次提出指控。官方做过正式调查之后，于1920年对他提起公诉，审议只进行了15分钟即宣判邓普西无罪。可是，这一事件让邓普西面临了极为严重的形象危机。

1921年7月2日，在经纪人的安排下，杰克·邓普西对战世界次重量级拳击冠军乔治斯·卡尔庞捷 (Georges Carpentier)。他来自法国，是第一次世界大战中的英雄，曾因驾驶侦察机穿越敌军火力准确报告德军阵地而被授予勋章，深受法国人崇拜。这两位公众形象截然相反的拳王对决，吸引了9万多名观众到场观看，票房总收入高达178.9238万美元[①]，这是拳击运动历史上首场票房收入过百万美元的比赛。杰克·邓普西事后回忆：“当观众们为他欢呼而给我喝倒彩时，我气愤至极，

① 之前的最高拳击票房纪录也是由杰克·邓普西创造的。1919年7月4日，他与杰斯·威拉德的那场比赛收入是45.2522万美元。

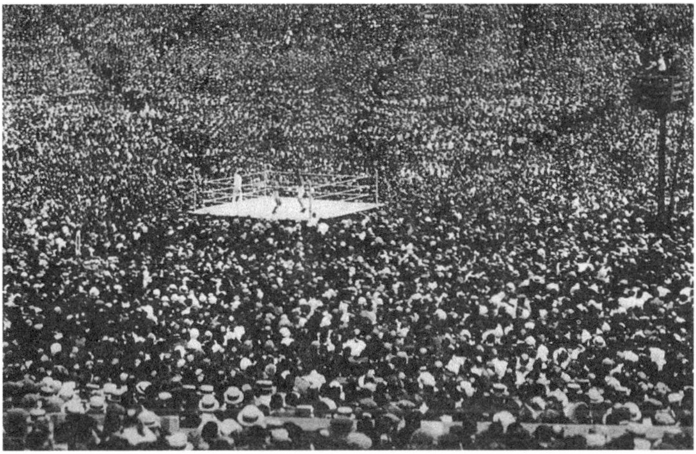

1921 年 7 月 2 日比赛盛况

所以在第 4 个回合，我直接让他倒地不起。”获胜后，邓普西所分到的出场费是 30 万美元，数额高到惊人，要知道，被载入美国职业棒球史的传奇巨星贝比 · 鲁斯（Babe Ruth）的年收入也才 7 万美元。本场比赛点燃了大众及媒体对拳击运动的热情。

这是杰克 · 邓普西在拥有冠军头衔期间的第 3 次卫冕，时隔 2 年后，邓普西又接连 2 次成功卫冕，其中最后一场的对手是来自阿根廷的路易斯 · 安杰尔 · 菲尔波（Luis Angel Firpo）。这场比赛被公认为拳击历史上最激烈的赛事之一，尽管总计用时不到 4 分钟。仅在第 1 个回合，邓普西就 7 次击倒对手，但后来反被对手一拳捣出围绳，掉落在第一排记者的打字机上。邓普西回到拳台，撑过第 1 回合，在第 2 回合又 2 次把对方击倒，获得了最终的胜利。

之后，杰克 · 邓普西远离拳台，连续 3 年没有打过任何比赛。时间来到 1926 年 9 月 23 日，邓普西迎来了他生命中的宿敌——吉恩·滕尼（Gene Tunney）。滕尼在第一次世界大战期间加入了美国海军陆战队，可是并没有参加战斗，而是把大部分时间都耗在拳击队，曾取得过冠军头衔。战争结束后，他开始转战职业拳坛，在1922年至1923年间，2次获得北美轻重量级拳击冠军称号。他是一位技术精湛的策略型拳击手，以理智著称，喜欢研究对手。“若想一探冠军成功的奥秘，必须得向冠军学习，我就是这么做的；当我准备站上拳台时，我会从专业角度去研究他们，然后培养新的习惯，让自己去适应他们。”在所属的量级中，吉恩·滕尼体重较轻，所以习惯依赖灵巧的佯攻和刺拳，擅长防守反击和运动战，与邓普西的风格完全相反。“为了能从杰克·邓普西手中夺得冠军，我计划了6年。”滕尼说。

由于太长时间未参加比赛，杰克·邓普西的竞技状态远不如前，在这场10回合的比赛中，最终因点数劣势败给了吉恩·滕尼。他虽然没能赢得比赛，却意外得到了广大拳迷的支持和喜爱，有超过12万名现场观众在雨中观看了这场赛事。比起斯文理智、举止优雅的“绅士”滕尼，观众更喜欢勇猛凶悍的钢铁硬汉，甚至连滕尼也曾说过：“邓普西是位斗士，而我是位拳击手。”赛后，邓普西安慰妻子说：“亲爱的，我只是忘了躲闪。”这句话成了邓普西的名言，拳迷被其坦然面对失败的态度和幽默风趣的话语所感动，邓普西也随之成为大众心目中的英雄。胜利招致愤恨，失败却赢得人心，邓普西的遭遇颇具讽刺意味。

1927年7月21日，杰克·邓普西对战杰克·夏基（Jack Sharkey），在第7回合，邓普西以一记近距离左钩拳击倒对手，迎来了与吉恩·滕尼进行二番战的机会。那场比赛吸引了15万名观众到场，并创造了另一项纪录——成为拳击历史上首场票房收入超过 200 万美元的赛事，总收入为 265.8660 万美元，这是电视转播介入拳击比赛之前单场比赛票房收入的最高纪录。此外，比赛当晚，美国国家广播电台通过 82 家电台进行直播，有数百万人收听了这场比赛。

这是杰克·邓普西职业生涯中的最后一场比赛，也是最重要的一场。赛前，坊间热议吉恩·滕尼到底能坚持多久、倒下后能否再站起来。比赛打满了 10 个回合，在前几轮，滕尼的快拳配合灵活的躲闪给邓普西带来了不少麻烦。到了第 7 回合，邓普西抓住机会，趁滕尼后撤时头部疏于防护，以几记沉重的钩拳狠狠地砸在了滕尼的下巴上，滕尼猝不及防，轰然倒地，一副呆滞的模样，完全失去了斗志。杀红了眼的邓普西未能及时退回中立角，傻傻地站在那里，蔑视着这位对手。几秒钟过后，裁判开始读秒。在规定时间内，滕尼迅速清醒过来，重新

杰克·邓普西 vs 吉恩·滕尼

起身，继续投入战斗。10 个回合结束，吉恩·滕尼再次成功卫冕，而众望所归的杰克·邓普西则落魄地离开了赛场。

赛后，因滕尼被击倒而引发的“长时间读秒”（The Long Count）事件在拳击评论界引发了一场旷日持久的激烈论战。因为，按照最新的比赛规则，当裁判为倒地一方读秒时，站立者须退回中立角，邓普西显然还没有适应这一规则[①]，而是如同之前对战威拉德和菲尔波一样，站在滕尼面前，死死盯着他。40 多年后，邓普西接受记者采访时谈起这件事：“现在回想那场比赛，我还是认为滕尼并没有伤得多么严重。他倒下后，我仍然不敢掉以轻心，随时准备继续比赛。我本可以回到自己的角落，但我没那么做。”绝大多数拳坛专家认为滕尼那次倒地的时间长达 14 秒，如果邓普西及时回到中立角，滕尼能在 10 秒钟内重新站起来吗？“人们可能对我抱有成见，但我认为他不会及时站起来。”邓普西在自传中如此写道。尽管如此，无论在什么场合，杰克·邓普西都会毫不犹豫地承认那场比赛的获胜者是更优秀的“拳击手”，“冠军是那些在不能站起来的时候站起来的人”。

比赛失利后，杰克·邓普西选择了退役。[②]据统计，邓普西

---

① 2004 年美国公共广播电视网的一部纪录片中提到，这一规则的建立，其实与杰克·邓普西本人有关。邓普西的拳击风格是不断摇闪出击。他的攻击狂暴猛烈，且持续不停……赛事方根据他这种侵略性的攻击行为专门制定了一条新的拳击规则，即一方倒地后，另一方必须退回中立角，给被击倒的对手一个站起来的机会。

② 1928 年 7 月 26 日，吉恩·滕尼在成功击败挑战者汤姆·希尼之后，也选择了退役。该比赛只售出了一半的门票，没有了杰克·邓普西，拳赛的吸引力似乎也减弱了。这两位赛场上的对手在退役后成了挚友。1978 年 11 月 7 日，吉恩·滕尼因病去世，听闻消息的邓普西很难过：“我感觉自己的一部分也随之消失了。我比吉恩大 3 岁，我一直以为我会是先走的那个人。只要吉恩还活着，我们就能共同回忆过往的美好时光。现在，我觉得很孤单。”（《纽约时报》）

在13年（1914—1927）的职业生涯中，共打了85场拳赛，64胜，6负，9平，6场无结果，其中53场击倒（KO）获胜，他总共拿到了超过400万美元的酬劳。尽管1929年美国陷入经济危机让邓普西的大部分收入打了水漂，但整体来说，他把退役后的生活打理得非常好，除积极参与各项慈善活动以及开办拳击展览之外，他还在纽约经营了一间以自己名字命名的餐厅，并出演过几部电影。在20世纪20年代，杰克·邓普西已然成为美国最令人瞩目的文化偶像，其成就和影响远远超过了同时代的那些拳击天才。1923年9月10日，杰克·邓普西登上了《时代》（TIME）杂志的封面；著名体育作家保罗·加利科[①]（Paul Gallico）形容邓普西是美国最伟大、最受人喜爱的拳击英雄。《拳台》杂志在2017年组织的那次“有史以来最伟大的重量级

纽约百老汇的杰克·邓普西餐厅

① 保罗·加利科（1897.7.26—1976.7.15），美国著名小说家、编剧、体育作家，有多部作品被改编成电影，曾在《纽约每日新闻》上撰稿讲述他与邓普西一同训练并被邓普西打倒在地的趣事。

拳王”（THE GREATEST HEAVYWEIGHT OF ALL TIME）评选中，给杰克·邓普西的评语是：“与威拉德对战的邓普西是一位冷酷无情的杀手。经过多年战斗的洗礼，他完善了自己的技术，确定了自己的风格。他想要尽快结束战斗。他的力量真实存在，绝非神话！他改变了男人打斗的方式。邓普西和贝比·鲁斯是喧嚣的 20 年代里美国最重要的两位体育偶像，当时体育已成为美国文化不可或缺的一部分。杰克·邓普西非常受欢迎，他给拳击带来了全新的观众[①]。在体育运动的黄金时代，他使拳击变得流行且受人尊重。”

在此后的生活中，杰克·邓普西始终扮演着传奇冠军的角色，并且从未让他的拳迷失望过。由于在第一次世界大战期间的“逃兵役”一事使他声名受损，所以当第二次世界大战来临时，邓普西立即积极响应。他先是加入纽约州陆军国民警卫队（New York State Army National Guard），被授予中尉军衔（Fist Lieutenant），后辞去该军衔，接受美国海岸警卫队（United States Coast Guard）的委任，领受上尉军衔（Lieutenant）。1942 年 6 月，邓普西到纽约布鲁克林曼哈顿海滩训练营报道，被任命为体能训练主管，负责提升新兵的体能素质，并教授他们格斗技能。从小在打斗中成长的杰克·邓普西对于拳击和格斗有着不同于常人的认识，他认为拳击只是一项搏击运动，而真实的打斗需要你放弃任何公平竞争的意识。他在拳台上已经证明了自己是一位伟大的运动员，在这里，他又向海军展示了什么才是真正的格斗。作训期间，邓普西的命令是：“让他们强

① 由于杰克·邓普西的个人魅力，有越来越多的女性开始关注拳击这项运动。

硬起来！”目的是通过各种训练科目，让新兵在敌军渗透美国海岸的真实威胁面前能够英勇作战。

1942 年，经由海岸警卫队批准，杰克 · 邓普西在徒手格斗专家伯纳德 · J. 科斯内克（Bernard J. Cosneck）的配合下，为海岸警卫队撰写了一本近距离格斗手册，书名为《如何顽强作战》（*How To Fight Tough*），邓普西以百余张图片亲自演示了各种近距离搏杀技能。该书日后被推广至美国各个武装部门。同年 12 月，邓普西被提升为少校（Lieutenant Commander）；1944 年 3 月晋升中校（Commander），并被派到运输舰“威克菲尔德”号（USS Wakefield，AP-21），负责海上勤务及运输工作。1945 年，美军攻打冲绳岛时，邓普西正在攻击型运输舰“亚瑟 · 米德尔顿”号（USS Arthur Middleton, APA-25）上。身为军官的他本不用投身一线，但他坚持要亲自上阵，与自己

冲绳岛战役中的杰克 · 邓普西（中），拍摄于 1945 年 4 月

训练出来的海军共同战斗。正是因为这次行动，他成了海岸警卫队的英雄。那一年，他 49 岁。

第二次世界大战结束后，邓普西在“威廉·米切尔将军”号（USS General William Mitchell，AP-114）运兵舰上继续服役，在那里，他向船员传授了格斗技能。1945 年 9 月，邓普西退出现役，1952 年从预备役光荣退役。除亲自训练海军和投身战斗之外，邓普西还在第二次世界大战期间参加了 8 场拳击巡回表演赛，筹集了数百万美元的战时公债。此外，出于实际教学需要，邓普西对当时拳击与格斗的教学进行了深刻的思考，并根据自身学拳、打拳架以及参加拳击比赛的经验，系统梳理了一套用双拳进行攻防格斗的完整的训练体系，并于 1950 年出版发行，书名为《拳王格斗：爆炸式重拳与侵略性防守》（*Championship Fighting: Explosive Punching and Aggressive Defense*）。该书一经出版，立即引发广泛关注。这位世界重量级拳击冠军以简要的文字和直观的配图，向读者介绍了他独特的格斗理论、高效的训练手段以及重拳出击的诀窍，还有侵略性的防守技术、正确的格斗姿势、佯攻和步法。他所介绍的方法已被事实证明适合所有业余爱好者和职业拳手。“我确信我可以教授毫无拳击基础的初学者，乃至经验丰富的职业拳手，并且告

邓普西于 1950 年出版的图书

诉他们自卫到底是什么。”实践出真知，杰克·邓普西的这番话很有底气，作为一名部队体能主管兼格斗教官，以及昔日的世界重量级拳击冠军，邓普西明白搏击运动和真实格斗之间的区别，他要确保他训练的每个人都明白这一点。

尽管在拳击比赛中，邓普西以勇猛、无情、残暴著称，但在拳台之外，他却是一位热情、善良、慷慨的人，颇具侠名。“无论是谁，只要他落魄了，都可以从杰克这儿得到一餐的救助，有时还能拿到些钱。”杰克·邓普西的训练师特迪·海斯（Teddy Hayes）回忆道。当著名拳王、“褐色轰炸机”乔·路易斯在晚年陷入经济困境时，邓普西专门担任了一个救济基金会的名誉主席，对他进行帮助。此外，每每遇到有拳迷向邓普西索求签名，他都会先询问对方的家乡，并以此为题与其聊上一阵儿，然后再签名留念。

1965 年 4 月 12 日，即将年满 70 岁的邓普西给一位拳迷回信:“亲爱的李先生，我在 3 月 26 日收到了您的来信，并拜读了您对中国武术的妙解，以及它同现代拳击之间的比较。很遗憾，您需要的那些书籍，我们一本也没有，只得随信附上一张签名照，或许您会对照片上的动作感兴趣。遵照您的要求，我也会随信送给令郎一张，希望他能喜欢。顺祝近安!”给邓普西去信的这位李姓拳迷，全名叫李振藩，也就是日后名扬国际影坛的李小龙。李小龙的去信内容目前尚未得见，但从时间来看，彼时的他正在构建自己全新的武学体系，拳击是他特别关注、学习的对象，去信给邓普西，应该是交流、请教，并借刚出生的李国豪[①]之名，

① 李国豪，李小龙之子，1965 年 2 月 1 日出生。李小龙给杰克·邓普西去信时，李国豪可能刚过完满月。

求取签名照。尽管这两位伟大的人物从未谋面，但李小龙在格斗理论和特定拳法方面受邓普西影响甚深。他曾认真研读邓普西所写的《拳王格斗：爆炸式重拳与侵略性防守》一书，并做了大量笔记。李小龙去世后，根据其笔记整理出版的《截拳道之道》收录了这些笔记，其中与铲钩拳有关的内容完全摘抄自邓普西的著作。另外，李小龙也借助邓普西的“力量线”以及“坠步”等概念，完善了自己的核心技术。邓普西对于拳击与格斗的分析让李小龙坚定了自己的方向。此次去信，有可能是李小龙在阅读过程中希望得到更多的拳击知识，所以特地请教。

1976 年 2 月的一天，杰克 · 邓普西应著名拳击赛事推广人唐 · 金（Don King）之邀，来到美国波多黎各圣胡安，参与一场拳赛的宣传活动。比赛双方是穆罕默德 · 阿里和让 · 皮埃尔 · 库普曼（Jean Pierre Coopman），这是阿里与乔 · 弗雷泽在马尼拉打完“世纪之战”后的第一场卫冕赛。当杰克 · 邓普西这位昔日的拳击冠军被迎入现任拳击冠军的房间时，正在床上休息的阿里迅速起身，用他那著名的沙哑声音恭敬地喊出了这个名字：“杰克 · 邓普西！”邓普西向阿里打招呼，并向在场的所有人问好。落座时，邓普西走向房间的另一侧，但阿里却招呼他坐到了床边的椅子上，两代人的拳击偶像开始交谈。

“在我为金手套锦标赛打拼的少年时代，经常观看杰克 · 邓普西的比赛录像。谁能想得到有一天他会来我的床边看我呢？您看起来状态不错。[①]”在交谈中，阿里向邓普西请教了几个与拳

---

① 在这次会晤的几个月前，杰克 · 邓普西因轻度中风住院，走路需要借助拐杖。

邓普西（左）与阿里（右）

击有关的问题，并询问邓普西的年纪。

“我今年 81。”

“太了不起了！但愿我能活到 81 岁。”

“你会的。”①

“真是难以置信，杰克 · 邓普西竟然会来看我！”阿里向周围的人炫耀。

“为什么不呢？”邓普西笑着回应。

1983 年 5 月 31 日，杰克 · 邓普西因心脏衰竭在纽约去世，享年 87 岁。回顾杰克 · 邓普西的一生，他绝对是当之无愧的时代偶像，但他自己却说：“我是一位相当不错的斗士，使我变得伟大的，是那些作家。”

史旭光

2021 年 10 月

① 穆罕默德 · 阿里于 2016 年 6 月 3 日去世，享年 74 岁。

CONTENTS

目录

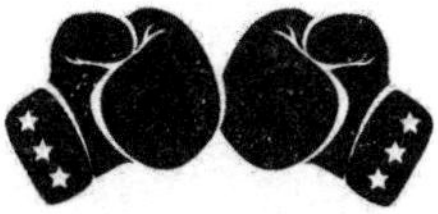

1 EXPLOSIVES AT TOLEDO 引爆托莱多

如果 1 岁大的婴儿从 4 楼的窗户掉下来，正好砸到人行道上一名身材魁梧的卡车司机头上，结果会怎么样？

几乎可以肯定的是，这名卡车司机会立刻被砸晕过去，甚至会因为脑震荡或颈部骨折而丢掉性命。

即使是一名天真无邪的婴儿，**当他的体重被赋予快速运动的状态时**，也很可能成为一枚极其危险的投掷物。

当你在格斗时，你可能会像 1 岁大的婴儿一样感到无助，但请牢牢记住：①**你的体重远超过婴儿**；②**你无须从 4 楼窗户上掉下来就能给体重赋予动能**。你有足够分量的体重，而且你有办法基于此重量进行加速运动。此外，你还具有“爆炸”的必要成分。尽管从客观来看，你并不具备“爆炸”的可能性。你就像是一根毫无威慑力的火柴棍，以至于孩子们普遍会误认为你是一颗超大号的太妃糖。但是，你可以让自己的体重通过快速运动，就像“炸药”一样，以一种匪夷所思的方式，把体重顺势扔到对手身上，产生足以将对手“炸”翻在地的爆炸效果。

顺便说一句，提到婴儿和炸药，我想起了 1919 年 7 月 4 日下午在托莱多（Toledo）发生的那一幕。那天，我顶着俄亥俄州（Ohio）炽热的阳光站在拳台上，眼看着对面角落里的对手——大块头的杰斯 · 威拉德（Jess Willard）慢慢脱下披在身上的战袍，那一瞬间，我觉得自己像个婴儿。“牛仔”杰斯此时已是世界重量级拳击冠军，他体形魁梧，如同巨人，而且还是位身材匀称的巨人。他是一位不折不扣的运动员。他拥有如转臂起重机一样漂亮的肩膀，背部呈倒三角形，肌肉结实平滑，如岩石一般，你几乎看不到他那晒得黝黑的皮肤下有丝毫的赘肉。他身高约 2 米，体重将近 112 公斤。相比之下，我简直像个婴儿或侏儒，我的身高刚刚超过 1.8 米，体重为 81.5 公斤。尽管我对外宣称的体重是 85 公斤，但当时我的实测体重只有 81.5 公斤。

当我望向拳台对面角落里的杰斯 · 威拉德时，不禁喃喃自语道:“天呐！这次我要‘炸’掉的‘山’竟然这么高！”我对爆破以及炸药的使用有一定的了解。我曾在科罗拉多州（Colorado）、犹他州（Utah）和内华达州（Nevada）的矿场陆陆续续工作过 6 年，在那段时间里，我掌握了炸药的正确使用方法。我知道如何将炸药的原理应用于和他人的打斗中。我从 7 岁起，就开始对拳击“炸药”进行研究。我人生中的第一场打斗发生在科罗拉多州的马纳萨（Manassa），对手是一个和我差不多大的男孩儿。我出生在马纳萨，早些年在那里生活过。

在我和杰斯·威拉德的比赛开始之前，我的经纪人杰克·克恩斯（Jack“Doc”Kearns）已经给我起了一个绰号，叫“巨人杀手杰克”（Jack the Giant-Killer）。因为我在之前的比赛中打倒过卡尔·莫里斯（Carl Morris）和弗雷德·富尔顿（Fred Fulton）那样的大块头。他们确实块头不小，但跟杰斯·威拉德比起来，气势上要逊色不少。在那个闷热的下午，威拉德如同巨人一样站在拳台上，令人望而生畏。我曾在伊利湖（Lake Erie）莫米湾（Maumee Bay）的陆地俱乐部同威拉德一起训练过。克恩斯和训练师吉米·德福里斯特（Jimmy Deforest）几乎每天都在我耳边说，我的状态看上去要比威拉德好得多。但是，当我看到他站在拳台对面，高大魁梧的身躯几乎没有一丝脂肪，我怀疑克恩斯和德福里斯特之所以违心地说出那些让我略感宽慰的话，只是为了鼓励我，让我有勇气与之一战。我不能说当我注视威拉德时会感到害怕，但我必须得承认，我开始怀疑自己所带的“炸药”是否充足，能否将这座“山”给“炸”掉。

由于本书并不是我的个人传记，所以我不愿详述个中细节，以免浪费读者的时间。简断截说，印象中，我在第 1 回合把他打倒了六七次，第 3 回合再度对他予以重击，以至于第 4 回合杰斯·威拉德根本未能上场。他无助地坐在拳台角落的凳子上，第 4 回合的铃声刚一响起，他的助手就投毛巾放弃了比赛。我通过技术性击倒（TKO）赢得了世界重量级拳击冠军。我成功地阻击了一位身材比我高大且比我强壮得多的对手，从而赢得了最令人渴求的“拳王”头衔。要知道他比我重约 30 公斤。我凭借着快速的重心移动，把他“炸”得体无完肤。我充分发挥了体重的作用——它可以让掉下来的婴儿轻易地砸倒一位强壮的卡车司机；并且，我引发了“爆炸”。

在打拳架或拳击比赛中，“引爆”体重是最重要的武器！永远牢记这一点！从我在托莱多炎热的阳光下与杰斯·威拉德狭路相逢的那一刻起，我的斗志便达到了顶峰。我可以像闪电一样快速移动我的身体，将其产生的爆炸式力量作用到“巨人”身上。甚至早在第 1 回合结束时，威拉德就已经被“炸”得遍体鳞伤了，一副受难者的模样。

2 GOOD AND BAD TOLEDO AFTERMATHS
托莱多之战后的利与弊

我与杰斯·威拉德的那场比赛所带来的轰动效应很快引起了拳击推广人特克斯·理卡德（Tex Rickard）的注意，之后，他连续为我推出了 5 场赛事，每场赛事的收入均在 100 万美元以上。那绝对是非常了不起的数字，因为当时我和威拉德在托莱多的比赛收入仅有 452,224 美元，这在当时已经是最高的拳击票房纪录了。这 5 场高票房赛事的对手分别是：法国的乔治斯·卡尔庞捷（Georges Carpentier）、阿根廷的路易斯·安杰尔·菲尔波（Luis Angel Firpo），以及美国波士顿的杰克·夏基（Jack Sharkey）、纽约（New York）的吉恩·滕尼（Gene Tunney），其中我和吉恩·滕尼打了 2 场。

由于我是一名出色的拳击手，赛事推广人为了能呈现更精彩的比赛效果，特意为我安排了 5 名非常强劲的对手，并且，媒体铺天盖地的宣传也让社会各界比以往任何时候都更关注拳击。顺便说一句，如果有人告诉你吉恩 · 滕尼不会打拳，千万别信他说的话。时至今日，许多格斗爱好者仍对他存有这种错误的印象。我们在费城的一番战中，吉恩 · 滕尼从我手中夺去了冠军的头衔。第 1 回合刚开始，他便以一记反击右拳狠狠地打中了我的头部，让我十分震惊，以至于在接下来的比赛中，我始终没能缓过劲儿来。在芝加哥的二番战，进行到第 8 回合时，吉恩 · 滕尼又一拳打中我的头部，迫使我单膝跪地。注意，那可是在第 7 回合他被我击倒，并被裁判“长时间读秒”之后发生的事。事实上，我发现吉恩对爆炸性力量的运用极为惊人。

随着“理卡德 & 邓普西”黄金时代[①]的到来，公众对拳击的热情变得异常高涨。报刊、广播和电视的频繁报道也进一步激发了公众对击倒获胜的兴趣。这显然是托莱多之战所引爆的另一个令人兴奋的现象。此外，那些巨额的出场费也让各地的年轻人更加渴望成为一名优秀的拳击手，这样他们就可以凭借自己的拳头创造财富。这两种现象——公众对拳击的热衷以及年轻人对重拳击打的渴

---

① 译者注：1921 年，拳击推广人理卡德为邓普西推出了一系列重磅赛事，影响深远。

望——原本可以对自卫格斗术的科学发展产生最有利的影响，结果却出现了意外，导致事情朝着不好的方向发展了。

然而，极具讽刺意味的是，在拳击比赛的历史进程中，我的比赛对拳击商业化发展所做的贡献却是巨大的。他们将拳击变成了一项可以牟取暴利的生意。作为一项商业赛事，这种格斗游戏吸引了大量对自卫格斗术一无所知或知之甚少的人加入。为了能从中赚些快钱，越来越多的人从其他领域涌进拳击行业。他们以赛事推广人、经纪人、训练师甚至是教练的身份出现。他们的加入对老派人士形成了冲击，因为他们能带钱进来，他们更懂得商业规则，而且个个都是能说会道的骗子。这些成群结队进来淘金的人，包括医生、律师、餐馆老板、服装商贩、屠夫、杂货店老板、赌场经纪、敲诈犯以及台球厅侍者。那些一生中从未有过挥拳经验的人甚至会成为训练师。他们在拳馆对那些年轻人胡乱指导。那些被胡乱指导的年轻人甚至都未能成为真正的拳手，而当那些年轻人放下手中的拳套时，也会转身升级为教练。

很自然，这种蹩脚的拳击“专家”会迅速涌入业余拳击爱好者队伍。在那里，教练知识储备不足的情况同当时那些赛事操盘手缺乏职业素养的情况一样严重。这还不是最糟糕的。大多数业余教练已经完全忘记了拳击课的目的是教会一个人用拳头来自卫，而不是让他戴着拳击手套去参加业余或职业赛事。从某种程度上来说，拳击教学的主要目的已经被业余教练们自动忽略了，他们试图培养的是能够在业余或职业赛事中凭借点数获胜的表演型拳手，并以此来让自己间接或直接地从经济上获利。

平均每 50 位年轻人中，没有一位在第一次去找教练学拳时就有成为职业拳手的雄心，尤其是对那些大学生和高中生而言。然而，教练们持续教导男孩们要成为“精明”的比赛型拳手，而不是全面发展的街头斗士。这简直是不折不扣的耻辱，要知道学会出拳才是在打拳架时最为重要的，同时也是业余或职业拳赛中不可或缺的一种能力。事实上，在一个男孩还没能掌握出拳技巧之前，先教其各种无关紧要的格斗动作，是极其愚蠢且不明智的教学方式。

现代教练这种带有商业性质的、以分数取胜的教学理念，最终导致了今天的业余和职业拳击队伍中充斥着毫无意义的“俱乐部拳手”和“卖弄型花式拳手”。在职业拳击比赛中，真正的拳手少之又少，以至于赛事推广人几乎不可能促成有足够吸引力的比赛来填补拳手的赛事档期。

在撰写本章时①，重量级拳坛有天赋的拳手寥寥无几，这一现象特别可怕。自从我 1917 年、1918 年、1919 年征战拳坛时起，有价值的重量级拳手人数竟下降如此之多，简直令人难以置信。我征战拳坛时，放眼望去，优

① 译者注：本书初版发行于 1950 年。

秀拳手数不胜数。杰斯·威拉德是冠军，紧随其后的有卡尔·莫里斯、弗兰克·莫兰（Frank Moran）、比尔·布伦南（Bill Brennan）、比利·米斯克（Billy Miske）、弗雷德·富尔顿、霍默·史密斯（Homer Smith）、“炮舰”爱德华·史密斯（Edward“Gunboat”Smith）、吉姆·弗林（Jim Flynn）和“脏猪”丹·弗林（Dan“Porky”Flynn）。此外，还有山姆·兰福德（Sam Langford）、哈里·威尔斯（Harry Wills）、汤米·吉本斯（Tommy Gibbons）、威利·米汉（Willie Meehan）等一众出色的拳手。如果你在面对这些顶级拳手时，不小心犯了一个错误，他们很有可能会直接把你放倒，肥仔米汉除外。虽然米汉总是习惯性搂抱，但他出拳频率高，并且抗击打能力强，所以在我和他的 3 场 4 个回合的比赛中，我们不分胜负。一番战，我赢；二番战，平局；三番战，他赢。

如今，在重量级和大多数其他级别的赛事中，极少见到顶尖拳手出现，这在一定程度上反映了世界各地均缺乏优秀的教练和训练师。虽然有些不错的拳手给人印象深刻，值得留意，但仍属个别现象。乔·路易斯（Joe Louis）大约 16 岁时遇到了一位好教练。当时，阿特勒·埃利斯（Atler Ellis）正在底特律（Detroit）的布鲁斯特中心（Brewster Centre）教拳，他是一位老派的拳击手，乔从他那里学会了如何打拳以及如何打比赛。乔成为职业拳手后，立刻转投至杰克·布莱克本（Jack Blackburn）的旗下。杰克也是一位出色的老派拳击手，同时也是拳击历史上最优秀的教练之一。乔·路易斯在杰克的指导下，逐渐成了一位“弹无虚发的神枪手”，并且爆炸力惊人，他可以用任意一只拳头将对手干掉。他是一位伟大的拳击冠军。

3 PUNCHERS ARE MADE; NOT BORN 没有天生的拳手

1949 年，乔·路易斯顶着不败的重量级冠军头衔[①]退役。我敢打赌，在他退役时，他一定认为自己天生就是拳手。我知道这很可能是真的，因为在我的职业生涯中以及我放下拳套后的很长一段时间里，我也有过同样的错误认识。

如果你是一位拳击冠军，你会很自然地对自己产生错误的评价。有数以百计的崇拜者会拍拍你的肩膀，告诉你，你是一位天生的斗士。当你享受胜利的果实，于人群的欢呼声中飘飘然之际，你会很容易迷失自己，忘记自己的训

---

① 译者注：乔·路易斯在 1937 年 6 月 22 日击败对手詹姆斯·J. 布雷多克（James J. Braddock），成为 20 世纪第二位黑人世界重量级拳击冠军。在此后的 12 年里，他一直保持着这个头衔直至退役，期间 25 次卫冕成功。

练师以及陪练在你登上冠军宝座的每一步中所付出的辛苦劳动。人们很容易忘记那些失败和绝望的时刻，有时候，这种失败和绝望让未能成功登顶的阶梯之旅看起来像是未能穿越的“伤心岭”（Heartbreak Hill）[①]。是啊，任何人在加冕拳王的宝冠时，都会下意识地认为自己天生就是拳坛皇室的一员。

如果你恰好处在夺冠的全盛时期，你很容易“一叶障目，不见泰山”。正如历史学家所说的那样，你离自己的职业太近了，根本无法获得正确的视角，无法客观地看待事件发展的重点和背景。直至我退役并开始教授别人如何格斗，我才有时间对我成为冠军过程中的每个环节进行反思，并深入分析自己的技术。这是一项艰巨的工作。正如你所看到的那样，当一个人成为一名成功的职业拳手时，他做的所有动作几乎都是出于本能，这是长期训练的结果，他很难理清每个动作的细节。因此，教学初始，他不可能向初学者解释自己的动作，只能简单地说：“你要像这样打出右手直拳。”然后，他一记右手直拳打向沙袋。可是，初学者以前没有类似的经验，对于如何打好这一拳并没有任何概念性的认识。这就是为什么很少有出色的拳手能够变身为优秀教练的主要原因。他们没有认真审视自己每个拳击

① 译者注：伤心岭，又名“心碎坡”，是波士顿马拉松赛道上第32~33 千米处的一段长达 600 米的上坡路，该路段是全程最后一个长距离的上坡路，也是最艰巨的挑战，不少选手在此处功亏一篑。

动作的细节。他们试图让学生们自己去发现动力链是如何形成的。

当我出于教学的目的开始对自己的动作进行分析时，我发现对我最有帮助的竟然是自己小时候在马纳萨的生活记忆，它又清晰地浮现在我的脑海里。马纳萨是位于科罗拉多州南部的一个小镇。我小时候很幸运，哥哥伯尼（Bernie）和约翰尼（Johnny）是职业拳手，他们在我 6 岁的时候开始教我如何自卫。在我为教学感到崩溃的时候，我试着回忆他们给我拳术启蒙的整个过程以及指导我的细节，并随手将那些从记忆深处唤醒的关键点记录下来，包括我在学拳初期所体会到的内容。之后，我的回忆之旅来到了科罗拉多州的蒙特罗斯（Montrose），我的青少年时期是在那个小镇上度过的。在蒙特罗斯，人们对于打架的热衷程度远超过我所知道的任何地方。这是一个迫使人快速成为斗士的小镇。镇上的一些家庭中，通常会有四五位兄弟都想成为拳手。我发现那里有很多年轻陪练，也有很多教练，当然，他们的水平参差不齐、有好有坏。

我对技术的探究让我在精神上开启了一段漫长的旅程，我沿着自己的战斗足迹一路向西，在那里，我做过所有我能找到的工作，我工作过的地方有矿井、木材厂、廉价餐馆、牧场，等等。在那段日子里，我继续保持着拳击训练，并从遇到的每一位老派人士那里接受自卫指导。每位训练师、每位经纪人、每位拳手都有他自己的理念和特长。我像海绵一样，疯狂地吸收一切信息，之后再将那些看上去不正确的东西剔除。

回首往事才发现，我是在 21 岁时第一次去的纽约，在那里我分别与安德烈·安德森（Andre Anderson）、“野兽伯特”肯尼（“Wild Bert” Kenny）和约翰·莱斯特·约翰逊（John Lester Johnson）交过手，约翰逊打断了我两根肋骨。虽然纽约之行战绩不佳，但我从弗兰克·莫兰、比尔·布伦南、比利·米斯克和“炮舰”爱德华·史密斯等一众重量级顶尖拳手那里获得了许多宝贵的格斗知识，当时他们在格鲁普拳馆（Grupp’s Gymnasium）训练。我也回想起了我从杰克·克恩斯和训练师吉米·德福里斯特那里所学到的更深层次格斗课程的全部细节。吉米·德福里斯特是世界上最好的教练之一，他的职业生涯可以清楚地追溯到彼得·杰克逊（Peter Jackson）和制定《伦敦职业拳击比赛规则》（*London Prize-ring Rules*）的时代。

这次对我个人技术的实地调查着实让我感到羞愧。我突然意识到，从我 6 岁起，我就有机会向一大群学过拳击的人学习如何打拳。早在我和杰斯·威拉德的托莱多之战开打之前，我已经在马纳萨、蒙特罗斯、普罗沃（Provo）、奥格登（Ogden）、盐湖城（Salt Lake City）、戈尔德菲尔德（Goldfield）、托诺帕（Tonopah）、纽约、旧金山（San Francisco）、芝加哥（Chicago）、圣保罗（St. Paul）和许多其他城市接受过许多拳手的指点和教导，并学习吸收了他们的理论。我要强调的是，在我沉醉于整理这些信息的时期，那些拳手、教练以及经纪人对拳击的了解远比今天那些人在常规情形下所知道的多得多。你一定记得，当我在 1919 年与杰斯·威拉德交锋时，距离吉姆·科比特（Jim Corbett）在新奥尔良（New Orleans）戴上厚厚的拳击手套在首次冠军争夺战中击败约翰·L. 沙利文（John L. Sullivan）仅过去了 27 年。当我开始崭露锋芒时，拳手们对老前辈们的技艺仍牢记于心。现在，从我和威拉德之战开始算起，已经过去 30 多年了。在这段时间里，格斗变成了一门可以带来暴利的生意，在一场场的金钱争夺战中，沙利文、科比特、鲍勃·菲茨西蒙斯（Bob Fitzsimmons）、汤米·瑞安（Tommy Ryan）、乔·甘斯（Joe Gans）、特里·麦戈文（Terry McGovern）等一众老前辈们的拳法技艺似乎早已被遗忘了。

4 WHY I WROTE THIS BOOK
为什么写这本书

当然，我不会把所有时间都用来详细探究自己过往的战斗经历。我是个不安分的人，不喜欢在一个地方久坐不动，但我对写作这份工作特别感兴趣，有时会为之花上一两个小时，我在火车上、飞机上、酒店里以及家里都这样做过。

我的经纪人马克斯·韦克斯曼（Max Waxman）曾不止一次跟我说过："我的天呐，杰克，你写那么多废话干吗？你只需要如实回忆就行了。你自己脑子里肯定有很多关于格斗的东西，完全犯不着为那些触手可及的东西做笔记，你大汗淋漓的样子看上去真的很蠢！"

好吧，我承认从马纳萨到托莱多的心路历程日志梳理出来后足足有 384 页之多，而且全部是手写稿。但是，我确信这 384 页手稿是一位著名拳手对自身技术以及他从其他人那里得到的第一手信息所做的最为彻底的研究。

不过，这并非结束，相反，我的工作才刚刚开始。接下来，我又花了几个月的时间认真审视这些手稿，并将其分门别类，放置在相应的自卫格斗主题之下，初步形成了篇、章、节的目录架构，之后又多次调整。梳理过后，这些内容变得更系统了。我在每个小章节中设置了我所需要的备注框，以方便我填充细节。然后，我把托莱多之战后学到的额外知识也放入了对应的位置。这些不同的主题及其所关联的各项备注内容，第一次让我对自卫格斗有了一个清晰的整体性认识。

我对自己所勾勒的体系十分自信。我确信我可以教授毫无拳击基础的初学者，乃至经验丰富的职业拳手，并且告诉他们自卫到底是什么。出于好奇心，我开始将自己的体系与其他拳击运动员的训练体系进行比较。我与许多拳手、训练师和教练交谈过，并翻阅了我所能买到的每一本拳击书籍。经过大量的交谈和阅读，我对许多专家的观点感到震惊，他们对自卫的概念是极其模糊和不完整的，甚至是扭曲的。或许我的评价有失公允，因为他们中没有人像我一样，有类似的经历和机会勾勒出关于拳击的所有基本原理的框架；也或许是他们认为许多基本原理本应是常识，没必要解释。

不管怎么说，**我得出的结论是，目前几乎所有的所谓自卫教学的方法都是错的，主要原因有以下几点：**

1. 初学者未能掌握给体重快速赋予动能的 4 种主要方法：①**坠步**（falling step）；②**腿部弹簧式发力**（leg spring）；③**转肩**（shoulder whirl）；④**急剧上提**（upward surge）。

2. 出拳击打过程中最重要的**力量线**（power line）似乎被遗忘了。

3. 教练和训练师没能充分认识到**力量线**和**让体重快速运动起来**（weight-motion）之间紧密配合的重要性，从而导致拳手**出拳时力量不够集中**——击打无力。

4. 爆炸式直拳几乎已经成了一项失传的技能，由于教练过于强调**转肩的重要性**，以至于他们教导初学者要尽可能地在不迈步的情况下打出直拳，这显然是错误的。

5. 由于教练在讲授直拳时，未提及**坠步**的作用，导致拳手们使用**左刺拳**（left jab）时，通常只是以轻微的击打来试探或干扰对手，左刺拳成了打开局面和发动组合攻击的辅助性武器，不再具备致人昏厥的**重击**特性。

6. 教练没能向初学者演示**铲钩拳**（shovel hook）和**上钩拳**（uppercut）的区别。

7. 不能从远距离打出钩拳，否则会使钩拳动作过大，从而变成**摆拳**（swing），然而这一点并没有人告诉初学者。

8. 对**摇闪**（bob-weave）缺乏正确的解释。

9. **以三处掌指关节接触击打目标**的必要性从未被强调过。

10．我个人认为，**在指导初学者学习防守动作之前，必须先让他掌握各种出拳技巧**，因为几乎每一种防守都会伴随着反击，无论是同时反击，还是防守后反击。也就是说，在学习侵略性防守技术之前，你必须知道如何出拳，并且要有出拳的信心。

我对自卫格斗术教学现状的不满，是促使我决定将我的研究和构想写成这本书的主要原因。我也意识到我当年的爆炸性表现以及黄金时代的热门赛事对当前不尽如人意的教学方法负有间接的责任，因此，我有义务为改善这种局面做一些力所能及的事情。此外，我还留意到，现在全世界有成千上万的男孩儿或男人都在迫不及待地想要抓住一切机会学习如何使用他们的拳头——在短时间内将对手击倒。

身处世界各地的人们从未像今天这样需要自卫格斗。在过去的 25 年间，人口数量急剧增长，而交通方式的改变使世界变得越来越“小”，以至于现在经常出现极度拥挤的情况。此外，生活节奏的加快，也让人们的每项活动比以往更容易出现紧张的局面。

拥挤的人群、快节奏的生活以及紧张的气氛会导致人与人之间摩擦不断、冲突加剧，再加上愤怒的言语，很多人常常会拳脚相向。这种前所未有的摩擦在城市中尤为明显，交通的堵塞、人行道上的碰撞、地铁和公交车上的拥挤，以及剧院、酒馆和夜总会的推搡，都会让人们按捺不住自己的脾气。

5 DIFFERENCES BETWEEN FIST-FIGHTING AND BOXING

打拳架与拳击的区别

打拳架（Fist-Fight）和拳击的第一个区别是愤怒。在所有拳击教学中，愤怒都是需要极力克制的情绪。从初学者第一次戴上拳击手套开始，他就被教导要“控制自己的脾气”，永远不要“失去理智”。当一位拳手被愤怒情绪左右时，他会立刻将所学到的科学格斗知识抛诸脑后，重新变回“天生的”斗士。这种情况一旦在业余或职业拳击比赛中出现，失去理智的拳手就会暴露出自己的空当，很容易成为冷静对手的靶子。一位愤怒的拳手在拳台上通常会表现得很无助，所以许多著名的职业拳手——比如阿贝·阿特尔（Abe Attell）和已故的基德·麦科伊（Kid McCoy）——都曾试图奚落暴躁的对手，使其失去理智、露出空当。在一场拳击比赛中，愤怒是对战双方都会极力避免引发的情绪。

然而，现实却正好相反，一个人的精神状态会直接导致一场拳架的爆发。在这种类型的打斗中，愤怒总是推动一方或双方大打出手的导火索。当一个愤怒、狂躁的家伙在打拳架中肆意挥拳时，他通常会忘掉所有规则——如果他知道规则的话。

这就引出了打拳架和拳击的第二个区别：**拳击比赛中有裁判在场上执行规则，但打拳架时没有裁判及规则的保护**。由于打拳架时没人监管，所以它很容易发展成一场毫无顾忌的打斗。没有人可以抵挡得住打裆、头撞、踢击、挖眼、撕咬以及勒颈等行为。当愤怒的街头斗士们扭打在一起时，没人能将他们分开。在这种情况下，会经常出现摔跤的情形。其中一方很可能会被扔到地上、街面上或人行道上。除非有极具同情心的旁观者进行干预，否则被摔倒的一方在倒地后还会被狠狠地捶上两拳，或者与靴子来一次亲密接触——脸上被踢一脚。但是，你不能指望旁观者。

第三个区别是：**打拳架不会事先组对**。在拳击比赛中，对战双方是根据体重和对等的搏击能力进行划分的。例如，如果你是一名业余或职业的轻量级拳手，你可能会被安排一个与你体重差不多的对手——在 58 公斤到 61 公斤之间。一般情况下，该对手的能力与你旗鼓相当，如此才能确保这是一场公平且有价值的比赛，同时也能避免任何一方受伤。如果你自称只有 9 场职业拳赛的战绩，那么你遇到顶尖拳手或冠军的概率几乎为零。

拳击比赛共分为 8 个级别[①]：重量级、轻重量级、中量级、次中量级、轻量级、次轻量级、最轻量级和次最轻量级。这是为了防止对战双方因体重悬殊而受伤所设立的。众所周知，体重是非常重要的，一旦身体动起来，体重会直接转换成出拳的力量。然而，当一位拳手达到重量级（体重超过 79 公斤）后，他和对手的体重将没有上限。别忘了，杰斯·威拉德的体重将近 112 公斤，而我只有 81.5 公斤。

不幸的是，在打拳架过程中，命运或运气决定了对战双方。你所面临的对手多数是碰巧出现的，而且不受体型、体重、年龄、力量或经验的影响。很多人一生中都有过被迫与比自己更高大的人打斗的不幸经历。

第四个区别是：**格斗距离或应对策略不同**。现代拳击比赛有一定的回合数，每回合之间可以休息 1 分钟。如果双方打满了既定的回合，且都未被击倒或取消资格，则需要根据获胜的回合数或得分来决定谁是获胜方。然而，拳架一旦开打，除非双方约定“结束”，否则中间没有放松，没有休息，会直接打至其中一方倒地或因重伤而放弃。你不会因为得分高而赢得一场街头拳架的胜利。有时朋友

① 本书出版于 1950 年，现在职业拳击比赛分为 17 个级别。

或警察会阻止这种街头巷尾的打斗，但这种干涉是靠不住的。当有人拉开架势准备开打时，他必须做好尽快结束这场打斗的准备。他必须建立起自己的格斗距离和应对策略。

第五个区别是：**格斗环境不同，所处的落脚点（地面）不同**。在拳台上，拳手可以享受技术人员设计出的最舒适的落脚点。他们在坚实、平整的圆形帆布台面上移动，所穿着的软皮拳击靴能够将滑倒的可能性降至最低——帆布台面上撒了树脂粉，拳击靴的鞋底是由树脂材料制成。而且，在拳台上也没有可能绊倒或磕撞拳手的障碍物（当然，拳台围绳除外）。

打拳架时所处的环境简直是一场冒险。打斗通常会在情绪容易爆发的地方发生，比如操场、街道、窄巷以及轮船甲板上，又或者在商店、办公室、工厂、酒吧、舞厅等。打斗发生时，打斗者根本来不及换下所穿的鞋子，也无暇顾及地面到底是光滑的还是粗糙的，是否到处都是散乱的盒子、易拉罐之类的东西，也不管桌椅板凳或其他的障碍物，他必须尽快适应自己所处的地面。如果其中一方滑倒、绊倒或被什么东西撞倒了，他的头很可能会磕到障碍物上，或者是砸到地板、人行道以及马路牙子上。在打斗过程中，因摔倒致死的情况时有发生。

因此，我个人的建议是，一旦你将要卷入一场打斗，必须保持头脑冷静，并立即审视周边环境，以决定你是否有足够的格斗空间、是否有稳定的落脚点。如果两者都不具备，那么试着强迫你的对手转移到其他战场，以确保你能够发挥自己的格斗技能，从而提高你的获胜概率。例如，对他叫嚣：“好吧，不知轻重的家伙！你想打架，没问题，必须满足你！让我们看看你有没有胆量走上街头，像个男人一样跟我打一架！”

在 99% 的情况下，你可以通过言语挑衅来激发对手的好胜心，迫使他转移到一个开阔的地方。千万不要在拥挤的地铁车厢、剧院过道、餐厅、办公室、酒吧或类似的地方打斗。保持头脑冷静，尽量与对手达成共识，当你把他带到适合你大展身手的地方时，你可以放心地揍他，而不用担心地面上的障碍物。

在对比打拳架和拳击区别的最后，请记住，相比缠着绷带、戴着拳击手套的拳头而言，你的脸会更快地被裸拳打伤。而从另一个角度来看，如果拳头正好落在额头或肘关节处，那么不戴拳套比戴拳套所承担的手骨骨折或指关节损伤的风险也要大得多。

上述主要区别叠加在一起，我们可以得出一个重要结论：**打拳架比拳击比赛更容易受伤，而且通常来说，打拳架也比拳击比赛更加危险**。关于危险，永远不要忘记，打斗持续的时间越长，你置身于危险境地的时间也越长，危险系数也会随之增加。你摆好架势，希望能快速解决对手，但随着打斗的持续，你会发现自己并不能很快地取得胜利，相反，由于过度用力和身心的紧张，你会发现自己很快进入疲惫状态。因为你没有休息的机会，所以打斗时间越长，体能消耗越大，越容易疲惫。

当然，你的对手可能也会感到疲惫，但你无法确认他的真实感受，除非他在大口喘着粗气，并且开始站立不稳。你只知道自己几乎已经倾尽全力了，而他还在试图攻击你。因此，他坚持打斗的时间越长，你获胜的概率越小，你被殴打、划伤、撞翻、击倒的概率越大。由于打拳架的危险属性，所以你必须尽快结束打斗，而结束打斗的最佳方式就是击倒对手。击倒在打拳架中要比在拳击比赛中重要得多。**你必须能在打拳架时击倒对手**。

6 YOU'RE THE KAYO KID

你能成为重拳手

要想凭借自己的拳头保护自己，你必须成为一名重拳手，具备击倒对手的能力。如果你身体正常，年龄在 12 岁至 40 岁之间，你可以在 3 个月内做到这一点。我所说的“正常”是指健康和健全——既没有疾病缠身，更不是残疾。

如果你严格遵循我的教导并勤加练习，你应该可以用任意一只拳头击倒一位体重和你差不多的对手。持续训练 6 个月以上，你有可能击倒体型比你高大、分量也比你重得多的家伙。你将学会如何利用体重和结构发力。也就是说，你会成为一位重拳手！

等你学会了击倒对手的方法，我会带你去了解其他的格斗知识。当你对这些技法应用有了充分的认识之后，你就会明白如何成为一名全面的拳手。你可以凭借拳头进行具有破坏力的实战对抗以积累经验，如果你愿意的话，你甚至能够打入业余或职业赛事。如果你去参加比赛，就会获得更全面的格斗知识，而且会比近 25 年来沉浸其中的大多数练习者更有优势。

牢记一点：你不必非得是职业拳手，也能学会如何使用你的拳头。无论你高矮胖瘦、怯懦或勇敢，也无须理会自己的体型大小以及是否有足够的勇气，你天生就拥有这双足以自保的武器。我再重申一遍：你所要做的就是学会如何正确地使用自己的拳头。

的确，几乎每个人都能凭借本能进行打斗，根本不需要任何人的教导。就像一个普通男孩或成年人坐在钢琴前，可以用一根手指弹出某种曲调；或者面对打字机时，以"二指禅"的形式盯着键盘逐字输入；抑或直接跳进游泳池，以狗刨或自己独创的蛙泳游上一会儿。

但是，如果不教他正确的弹奏技巧，他永远不可能成为一名优秀的钢琴家；如果不经过系统的盲打训练，他也无法成为一名打字快速准确的打字员；如果没有人教他正确的游泳姿势，他也绝不会成为一名出色的游泳健将。

对于格斗初学者而言，正确地进行格斗并不比刚下场的新手正确地去滑冰、潜水、跳探戈或在滑雪板上肆意回转更容易。即使是在自己所属的领域内非常出色的贝比·鲁斯（Babe Ruth）[1]和乔·路易斯，当他们刚开始打高尔夫时，也同样是初学者。为了确保击球的准确性和打出适当的距离，两个人都必须先学会如何正确地挥杆。

在几乎所有需要身心密切协作的运动中，有些基础动作对初学者来说似乎特别别扭。这种现象虽然很奇怪，但事实如此。拳击也不例外。初次尝试出拳时，总会有些动作因为不自然而显得笨手笨脚。尤其是远距离的爆炸式直拳，无论是拳击还是打拳架，它都是最基本的攻击招式。

格斗与许多其他运动一样，初学者犯错是再正常不过的事情。对初学者来说，抡摆出拳比直线出拳更自然，而且他会不自觉地以错误的指关节去接触目标，包括挪动步法时脚下拌蒜，等等。这一切表现在初学阶段都是正常现象。我再强调一遍，当你初次尝试打出远距离直拳时，可能会感到非常尴尬。我之所以强调这一点，有两方面的考虑：① 这样你就不会认为自己是一个无可救药的笨蛋；② 如此一来，你就不必在意那些见证你早期各种不堪的朋友或兼职专家们的冷言冷语。但请记住，谁打得最重，谁就能笑到最后。

① 译者注：贝比·鲁斯是美国职业棒球史上最伟大的巨星。

7 WHAT IS A PUNCH?

出拳意味着什么

身为一名普通的初学者，你天生就具有 3 个击倒对手的必备条件。它们分别是：

1. **体重：整个身体的重量。**

2. **脚、腿及背部强有力的肌肉：使体重进入运动状态，赋予动能。**

3. **手臂和拳头：将身体运动产生的力量付诸对手身上，并在那一刻引爆。**

出于实用的考量，我将每一拳分为两部分：① 赋予体重运动状态；② 将体重运动所产生的力量快速投掷到对手身上的任意指定位置，将对手“炸”翻。

所有力度十足的出拳必须是这两部分的结合。只有极少数的“局部”出拳方式不会用到体重。所谓“局部”出拳，是指仅凭手臂的重量，用拳头在短距离内从后面敲击对手肾脏或后脖颈，以及在双方搂抱时拍打对手头部的行为。

既然我们关注的焦点是如何练出力度十足且令人惊叹的击倒式重拳，那么我们先把话题拉回来，继续讨论这个问题。我们要审视的一个基本原则是如何给体重赋予动能。

出拳时让体重快速运动起来的形式有 4 种：① 向前坠落；② 向前蹿出；③ 借由强壮的背部肌肉带动转肩，使重心在两腿之间转换；④ 急剧上提，比如打上钩拳时。每一次出拳都至少结合了 2 种运动形式。

最佳的出拳方式是迈步冲撞直拳，它可以在坠步的配合下，以任何一只手打出。它包括了向前坠落、向前蹿出以及身体转动 3 种运动形式。千万不能把这种迈步冲撞直拳与普通直拳相混淆，后者是在不移动双脚的情况下从中距离打出，其动作完成仅仅取决于肩膀的转动，而迈步冲撞直拳是一种更具有爆炸性的击打方式。

钩拳和上钩拳常用于近距离击打，其攻击威力堪比迈步冲撞直拳。但是，钩拳和上钩拳并不适合在打拳架时使用，因为双方为了避免发生搂抱或摔跤，都会尽量保持远距离。

那么，一位拳手该如何通过坠步来让自己的体重快速运动起来呢？

坠步的过程很简单。还记得前面提到的那个婴儿和卡车司机的例子吗？婴儿从 4 楼的窗户直接掉下来。受地心引力的影响，他会直接砸向地面。掉下来的过程中，他没有遇到任何可以改变其移动方向的阻碍，径直砸到了卡车司机的头上。（图 1）不过，物体坠落的方向是可以改变的。

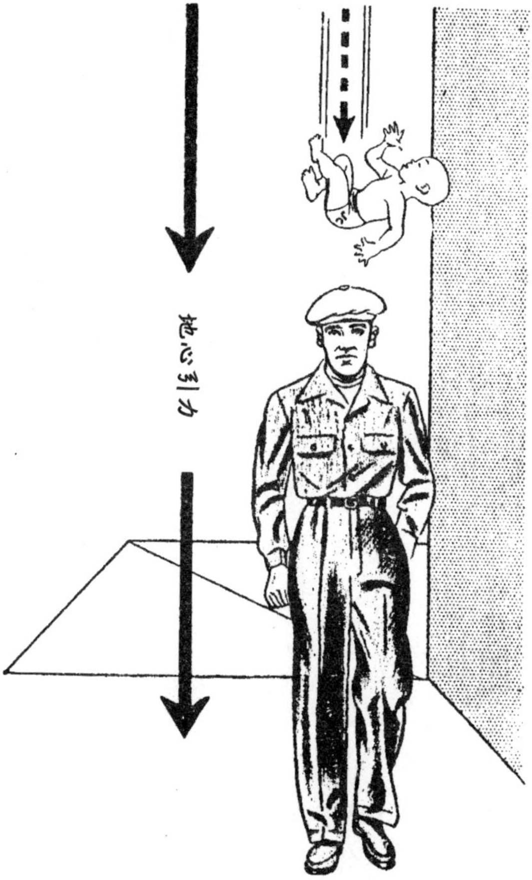

图 1

我们以小男孩儿坐在雪橇上从雪山上滑下来的现象为例。从某种意义上说，小男孩儿和他的雪橇与婴儿一样，是坠落的物体。雪山的坡度使雪橇不能垂直下落，雪橇的下落因雪山的坡度而呈现一定的角度，这时雪橇自身的运动方向是倾斜的。雪橇到达山脚的平地时，会继续滑行一段距离。然而，雪橇在平地滑行的方向——即其自身的运动方向——是直线向前的，与竖直向下的重力成直角。（图 2）

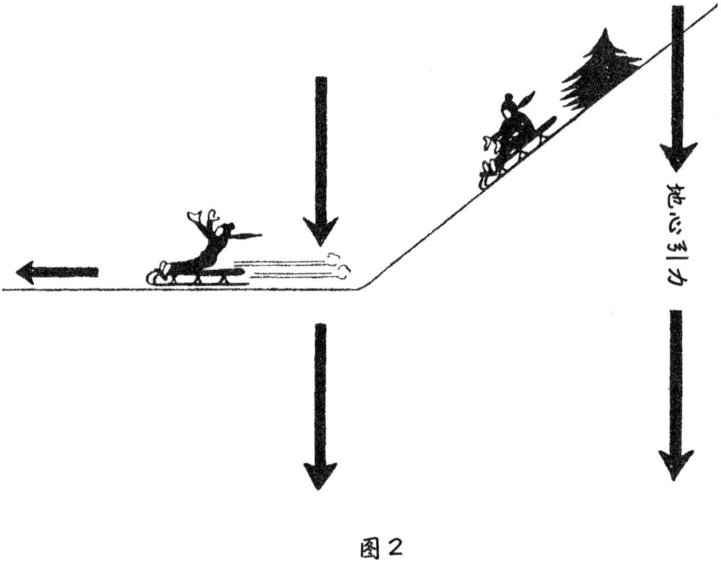

图 2

掉落的婴儿和滑雪橇的小男孩儿这两个例子说明了迈步冲撞直拳的两个基本原理：① 由于地心引力的存在，可以使体重以坠落的方式运动；② 体重运动的方向可以偏离竖直方向，既可以倾斜，也可以直线向前。此时，你会问，说了这么多“坠落”之类的东西，与冲撞直拳之间有什么联系吗？

下面，我会通过带你迈出作为一个拳手的第一步来回答这个问题。对，没错，我的意思就是“迈一步”！

8 THE FALLING STEP 坠步

站在地板中央；左脚置前，脚尖指向房内远处的某件物体；右脚置后，脚尖稍向右偏，足跟靠近左脚方向。（图3）以身高约 1.8 米的小伙子为例，他的右脚跟应该距离左脚跟大约 45 厘米（并且稍微偏右一些）。

双臂放松，自然垂于身体两侧。在迈步过程中，你用不到它们。

膝盖微微弯曲。身体微向前倾，重心随之前移至左脚，如此一来，你的右脚跟会自然抬起，仅留脚掌支撑地面。记住，膝盖仍是微微弯曲的状态。身体轻松地上下晃动（半弹跳状态，但双脚不得离开地面），以确保自己处于一个舒适、平衡的位置。如果站立不稳或体感不适，可稍微移动右脚——但不要移动太多，目的是让你在上下晃动时仍能保持良好的平衡。牢记一点，当你在晃动时，重心只是轻轻放置在右脚上，不得停留太长时间。然后，停止晃动，但膝盖仍保持微微弯曲的状态，双臂自然垂于身体两侧。

接下来，不要有任何预备动作，直接抬起左脚，沿着左脚尖所指的方向快速地迈出一大步。（图 4）特别强调一

图 3

图 4

点：**在迈出这一步之前不得有任何预备动作**。通常来说，你在迈步前总会不自觉地将重心从左脚移向右脚，但此时，请不要这样做。右脚不需要做任何动作，只让脚掌轻轻地放在地面上即可，**无须任何预备动作！**直接抬起左脚，**伴随着身体前倾，迅速向前迈出一大步**。左脚在迈步结束时应平稳着地。

这是一个快速、突然且极其笨拙的移动，然而，它却是你拳击生涯中至关重要的一步。那个突然前倾下落的步子如同一颗粗糙的原生钻石，一经打磨，便会变成酷炫无比的冲撞直拳，足以将对手击倒在地。这是直拳的关键动作。多尝试几次这样迈步，每次都要确保你是从一个舒适平衡的姿势开始，大部分重心放置在左腿上，膝盖微微弯曲，双臂自然垂于体侧，右脚不能做任何预备动作。

我称这种前倾下落的步法为“坠步”。其实，人在行走过程中，每一步都存在一个细微的“跌落”瞬间。行走由一连串的“跌落”构成。但在“坠步”这个特殊的移动中，“跌落”被放大了，原因有二：① 当你迈步时，重心向前移动较远；② 由于地心引力的作用，过大的步幅让你的体重产生了不同寻常的动力。左脚落地时的坚实程度是由你前冲的势头造成的。已故拳王乔·甘斯的长直拳很少打空，但一旦他打空，你在半个街区内都可以听到他的左脚砸在帆布台板上的声音。

当你迈出步子之后，重心大部分落在左脚上，但你并没有摔倒在地。究其缘由，是因为你的右脚会自动前蹬予以补救，让你的身体向前弹出，并尽力保持身体的直立状态以维持平衡。前来补救的右脚不但起到了雪橇男孩儿例子中的山坡的作用，还具备跳板的功能，可以将雪橇男孩儿从山坡一侧加速弹射出去。左脚是促使右脚前蹬的“启动装置”，所以，坠步有时又被称为“启动步”（trigger step）。

我此前强调过，迈步之前，**不要做任何预备动作**。如果你在迈步前按照自己的习惯先将重心移至右脚，那么这个动作会让你的身体向后移动，从而远离了你想要移动的方向。而且，如果你在出拳之前重心先移至右脚再向前转换，你会有瞬间的延迟，很可能会错失出拳的最佳时机。

请永远牢记一点：在格斗中，你不能在出拳之前让自己的身体轻易地做出任何一个无用的预备或准备动作。首先，你的攻击目标暴露在外的时间仅为一瞬间，你必须像闪电一样迅速地抓住这个机会。其次，预备动作会成为“预兆”——如同电报一样，会将你接下来的动作事先泄露给对手。乔·路易斯在与马克斯·施梅林（Max Schmeling）的一番战中被击倒，主要是因为路易斯在正式攻击之前左手总有预兆出现。施梅林留意到了这一点，抓住时机，一次次地以右直拳打到了路易斯的头上。每次路易斯不经意间流露出左手的预动时，都会被施梅林成功压制住。

你现在知道了如何通过坠步将自身体重融入冲撞直

拳，接下来，我们必须考虑冲撞的第二部分：**将体重运动起来所产生的力量快速投掷到对手身上，将其“炸”翻**。

然而，在研究投掷和引爆动作之前，你有必要先弄清楚一切成功的投掷和引爆动作所必须遵循的力量线。

THE POWER LINE

9 力量线

尽管冲撞直拳的第二部分与坠步一样简单，但奇怪的是，自 18 世纪初詹姆斯 · 菲格（James Figg）的时代开启以来，这种出拳方式一直是击打的一大盲点。詹姆斯 · 菲格被誉为“现代拳击之父”。当约翰 · 沙利文以及众多拳坛巨匠出现时，许多优秀拳手已经凭借他们的拳击技术知识消除了这一盲点。然而，拳击发展到今天，大众对拳击技术的错误认知似乎比吉姆 · 科比特击败约翰 · 沙利文以来的任何时候都要大。

每 10 个试图以打拳成名的人中，至少有 9 个永远不会成为优秀的拳手，因为他们从未学会如何有效地使用手臂和拳头来充当传送带和引爆器。他们变成了“软手软脚”的拳手，或者，充其量只能是平庸的拳手。他们的拳头缺乏力度，不具备爆炸性，更没有引发后续反应。

力量线的应用可以有效避免这种情况的发生。

什么是力量线？**力量线是指当握紧拳头时，自任意一侧肩膀通过手臂一直延伸到小指的掌指关节所形成的那条线**。记住，力量线的末端是左手或右手的掌指关节。现在，请以饱含敬意的目光重新审视你的小指。你可以把小指的掌指关节视为力量线的出口——如同大炮的炮口。如果你能意识到这一点，你就会理解力量线的意思了。

现在，请站起来，走到一堵墙面前，与墙面保持一臂距离，脚跟并拢。此时，你所站的位置距离墙面应足够远。具体的测试方式是朝着下巴的正前方伸出右手，中指指尖仅可微微触及墙面，中指指尖触及墙面的位置与下巴的高度齐平。接下来，请退后 7~10 厘米，仍是脚跟并拢站立的姿势。握紧右拳，握拳时四指并拢弯曲，握在手掌之中，拇指扣于食指和中指的第二指节处。（图 5）

朝着墙面上设定的点伸展手臂，将拳头送出——只是对准墙面。拳头应该是立拳，就像你握着一根与地面垂直的棍子一样。小指关节在最下，接近地板的方向。挺直地伸展手臂，让身体慢慢向前转动——双脚保持不动——直至你的拳头（保持立拳姿势）稳稳地抵在墙面上，高度与下巴齐平。此时，你的拳头和伸直的手臂支撑着你身体前倾的重量。（图 6）

请留意，你拳头的下半部分（仍然是立拳姿势）在支撑着你的体重，自肩膀到拳头的那条直线提供了自然、坚实且稳定的支撑，尤其是小指关节。特别要注意的是，这条直线沿手臂一直抵达小指关节处。（图 7）现在，你直立的拳面仍在与下巴同等的高度支撑着体重，试着把着力点转移到其他掌指关节。然后，转动拳头，使掌心朝下。当你尝试做出这样的改变时，你会立即感觉到新的接触点与此前相比，在稳定性方面有些欠缺。紧接着，你会发现接触位置的转变让力量线上的腕关节处在了一个极度危险的

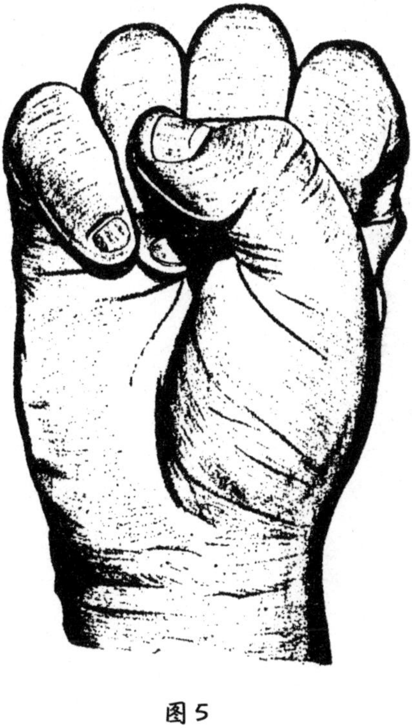

图 5

图6

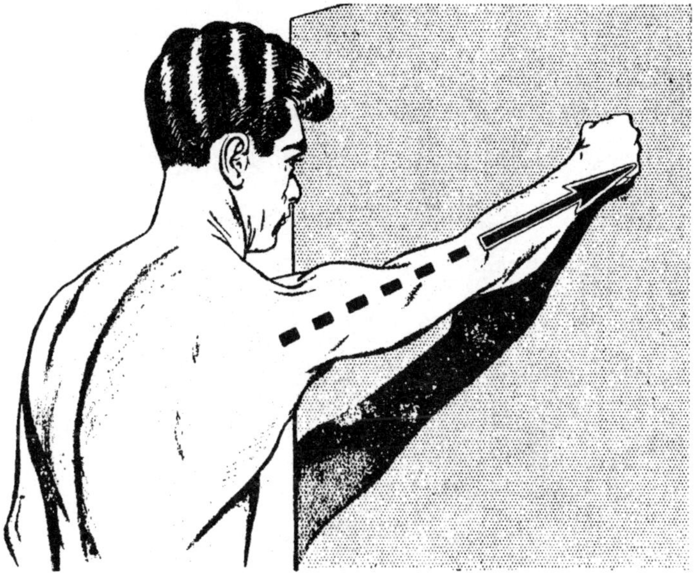

图 7

状态。

两脚站位不变，以左拳做同样的尝试。你会发现力量线在同一位置，即从肩膀一直延伸到小指关节。但是，如果你放低拳头，朝着对手的腹部打一拳的话，力量线又会在哪儿呢?

你可以通过在对面墙上重新设定一个点来回答这个问题，这个点的高度与你自己的太阳神经丛（心窝）齐平——这一重要的攻击目标位于胸骨末端下方。以同样姿势站立，用任意一只拳头朝着墙面上太阳神经丛（心窝）的对应位置慢慢伸出。在伸出拳头之前，掌心朝下，如此一来，当你把拳头抵在墙面上时，掌指关节的连线将与天花板平行。此时的力量线仍会稳定地穿过小指关节。现在，你已经能够清晰地感受到力量线的存在，如果你以小指关节领先，打出的每一拳均可以获得最大程度的稳定性。

然而，不幸的是，小指关节后面的掌骨是 5 根掌骨中最脆弱的，极容易骨折。因此，**你不能试图单纯以小指关节去接触目标**。不过，你可以**试着用邻近小指的无名指的掌指关节去接触目标**（图 8），我们称其为第二掌

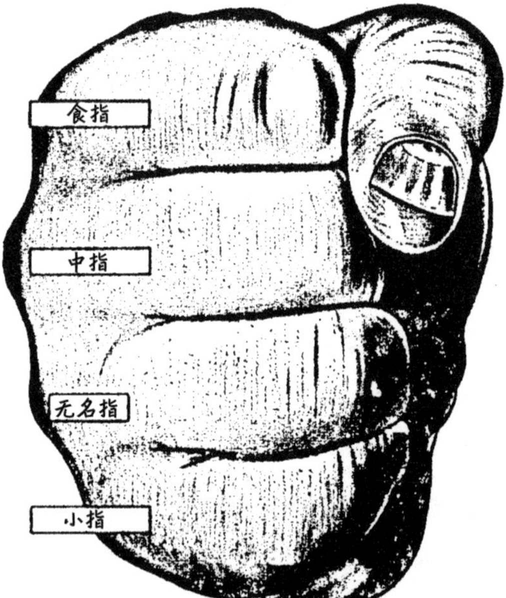

图 8

指关节。以第二掌指关节去瞄准，通常可以带动3个掌指关节一起接触目标。这3个掌指关节对应的手指分别是中指、第二指（无名指）和小指。如果你以第二掌指关节瞄准，则3个掌指关节将同时接触目标，因为拳头一般会从中指向小指关节有所倾斜。如此一来，不仅可以避免任何一个掌指关节后面的手骨独自承受所有因击打带来的冲击，还可以确保你几乎是完全沿着力量线出拳。很少会出现单一掌指关节接触目标的情况。如果你以小指关节瞄准，一旦你的拳头落在对手的额头上，或者被他的肘关节挡住，会非常危险。

始终以第二掌指关节去瞄准目标，**让其他掌指关节自行照顾自己**。它们能够照顾好自己，因为拳头的生理结构迫使它们必须这样做。握紧你的右拳，检查所有指节的状态。你的拇指关节是“游离在外的”——与拳头用以击打的其他四指关节离得很远。更重要的是，拇指关节距离小指关节最远——距离力量线的末端也最远。这是与生俱来的。在任何情况下，都不要试图让拇指关节越位去进行击打，它很容易骨折，就让它置身事外吧！

食指的掌指关节非常突出，但与中指相比，又差一些。在一些面部击打和大多数的身体击打中，该指节会与其他3个指节一起接触目标，形成4个指节共同命中的局面。没关系，就让食指关节顺其自然吧！然而，必须牢记，在任何情况下，都不能试图先以食指关节去接触目标。如果你这样做，不仅会破坏力量线，还会将手腕弄折。

同样需要留意的是，也不要试图以突出的中指关节去接触目标——这是大多数拳手手部受伤的根源。如此瞄准同样会让你的拳头偏离力量线，而且也会危及中指关节和手骨。当中指关节单一接触目标时，由于它极为突出，会阻止其他关节辅助吸收击打带来的冲击。这种冲击在所有力度十足的击打中都是非常可怕的，特别是当对手向你冲过来，你对着他的头部出拳重击时。在那一瞬间，你的拳头必须承受两个猛冲的体重互相冲撞产生的冲击力。

我再重申一遍，如果你的拳头以力量线的方式正确接触目标，那么 3 个掌指关节——小指、第二指（无名指）和中指——将会分担击打带来的冲击，并将其转换到支撑掌指关节的 3 根手骨上。这在很大程度上会降低掌指关节挫伤或粉碎的风险，也会避免手骨骨折。大多数职业或业余拳手在比赛生涯中手部都曾受过伤，尽管他们的拳头有绷带、胶带以及拳击手套的保护，但如果接触目标的位置不正确，手部依然会受伤。正如我前面所讲的，**在打拳架时，手部没有类似的保护措施**，你必须学会正确接触目标，不仅是为了保证力量线的爆炸属性，也是为了防止手部受伤。

我们已经对力量线和远距离冲撞直拳的第二掌指关节瞄准问题进行了说明，那么其他类型的击打呢（比如中距离直拳、钩拳以及上钩拳）？力量线和第二掌指关节瞄准目标也同样适用吗?

答案是肯定的。**所有力度十足的出拳方式，必须沿着力量线打出，而且始终以第二掌指关节瞄准目标。**

当以不同的方式击打对手头部时，由于切入角度不同，拳头的接触点也会从直立到侧向发生不同程度的变化;在击打对手身体时，它又会从侧向到直立进行不同角度的调整。无论怎样，**你必须沿着力量线打出，而且始终以第二掌指关节瞄准攻击目标**。在本书后面你会看到在其他方式的击打中力量线的作用。比如在打钩拳时，你会发现肘关节弯曲并不会破坏力量线。后面你就会明白我为什么这么说。

10 RELAYING AND EXPLODING 转换与引爆

你已经知道了如何让体重运动起来，使之融入远距离的冲撞直拳中，并且你也找到了力量线和它的出口。现在，你要做好准备，开始进入“转换与引爆”的学习阶段。你只需把直拳投掷出去，便可实现最佳的冲撞效果。

首先，你必须找到可以击打的东西——一种既能承受用力击打又不会伤到拳头的训练器械。如果你能去拳馆，那就太好了。因为在拳馆里，你会发现那里有一个充气的梨形速度球，非常轻便，外皮材料为皮革（图 9）；同时还会有一个相当大的圆柱形沙袋，非常沉重，外皮材料多为帆布或皮革（图 10）。沙袋里面填充的是棉花废料，足够结实。当你对着沙袋用力击打时，它会对你的拳头、手腕和手臂形成相当大的反作用力。你可以用沙袋练习针对头部和身体的击打动作。那个较为轻便的梨形速度球通常会悬挂在与对手头部同等高度的位置上，你可以利用它来强化攻击头部的速度和时机，也可以练习重要的反手打和阻

图 9

图 10

击拳，直到变成一种习惯。

如果周边没有拳馆，你也无法从体育用品商店买到沙袋，那么你必须在没有梨形速度球的情况下自己动手做一个沙袋。首先，你需要准备两个空麻袋。把一个袋子套进另一个袋子里，这样你的沙袋就会更结实。然后在里面的袋子中填满旧碎布、木屑、老式家具填充物之类的东西。锯末和上述填充物相混合会是一种很好的填充物，它可以确保你的沙袋里没有坚硬的东西。袋子不要装满，要留出足够的空间，以方便用绳子将沙袋口牢牢地扎住。制作完成后，可以将沙袋悬挂在地下室、谷仓或木棚中的结实的横梁上，或者挂在树枝上。千万不要在自己居住的寓所内悬挂特别重的沙袋，因为猛烈的击打会使墙壁和天花板上的石灰松动。

无论你练习打拳的场所是在拳馆还是在家中，你都必须戴好打沙袋专用的拳套（并非比赛用的拳击手套），它会为你的指关节表皮提供保护。（图 11）如果你买不到类似的轻巧型皮革拳套，那就自己做一副吧！你可以用日常车间内使用的皮革手套，将手套的每根手指从中间剪断，这样一来，你戴上它也可以自由地握拳了。即使有拳套的保护，在前 3 周的击打练习中，你也可能会擦伤指关节表皮，然而随着练习时间的延长，指关节处会逐渐形成老茧。

现在你有了特制的沙袋和专用的拳套，可以开始练习打拳了。你要准备迈步、转换和引爆。请按以下步骤进行：

图 11

戴好击打专用的拳套，在沙袋前以坠步的起始姿势站好。左脚尖指向沙袋，脚尖距离沙袋大约 1 米远。双臂自然垂于身体两侧，先体会三四次坠步动作。

接下来，再次以坠步的起始姿势站好。当你上下晃动重心时，放松地抬起双臂，将其摆放至防护位置。（图 12）抬起双臂的同时，左肩也要随之略微上提，并稍向前移动一点，如此一来，就可以将你的下巴防护住，使你避免遭受从身体左侧任意角度打入的攻击。保持左右肘关节下坠，贴向身体。双手放松，呈半握拳状，拇指轻轻地放在食指上。左手拇指的指关节距离嘴唇约为 25 厘米，右手拇指的指关节距离嘴唇约为 10 厘米。

图 12

不断调整这个姿势，直到你有平衡和舒适的感觉。当你在调整时，全身各个部位必须是放松的。如果你觉得肘关节向内贴近会让你紧张，可以略微向外张一点儿，但不能过多。

当你感到舒适和放松时，突然向沙袋的方向做坠步（图 13），迈步之际，需同时做出以下动作：

图 13

1. 将你半握的左手沿着力量线直接朝着沙袋上与下巴齐平的位置打出。

2. 当放松的左手加速打向沙袋时，**左手必须在接触沙袋之前的瞬间猛地握紧拳头**。此时，立拳的第二掌指关节会狠狠地撞进沙袋里。**猛地握紧拳头的动作会导致拳头、手臂和肩膀瞬间绷紧，如钢铁般坚硬**。

那个猛地握紧拳头的动作就是我们一再强调的“引爆”。

反复尝试以左拳进行远距离冲撞直拳，每次都要确保：① 上步之前，要完全放松；② 在常规站位上，放松左手，保持半握拳的状态；③ 出拳之前，左手或双脚无须任何准备动作，不能将左手回拉或抬起，即无须为了增加出拳力度而做出各种多余的准备动作。千万别这么做！因为这不仅会事先泄露你的攻击意图，还会减缓攻击速度，以及削弱击打力度。

相信你已经能够体会到迈步冲撞时的感觉，现在我们以慢动作来分析它，看看你是怎么做的。

首先，坠步会将你的体重直接抛向你左脚尖所指向的目标。

其次，在运动中的体重本会随着左脚的落地传到地板上，然而在左脚落地之前，放松的左手已经沿着力量线将体重抛出，直接作用到了目标上。

最后，在你“引爆”的过程中，猛地握紧拳头会带来以下表现：① 强壮的背部肌肉会让你的左肩向自己的右侧有一个细微的突然转动；② 重心前倾会让你在心理上觉得体重被“贯”进了手臂之中；③ 瞬间加快你出拳的速度；④ 在你沿着力量线打向目标的瞬间，拳头、手腕、手臂及肩膀会得到稳固的支撑；⑤“引爆”之后会产生惊人的后续反应。

当你用一记远距离冲撞直拳砸到某人的下巴时，你的拳头绝不会像中距离的左手轻刺拳那样毫无杀伤力地弹开。绝对不会！冲撞直拳的稳固支撑结构如同向前发射子弹的枪膛一样。你打出的拳头就是那颗子弹，快速移动的体重和绷紧的后背肌肉所产生的力量是推动子弹向前的火药。你的拳头会被这种惊人的力量推动向前并“炸开”，从而带来惊人的后续反应，它会打得对手脑袋向后弹出，可以砸断他的鼻子、敲掉他的牙齿、打碎他的下颌，将他击倒、打晕，使其休克。

当你的左手先行打出极具分量的一拳时，你的右手在做什么？

你的右手应该处于警戒位置，以保护自己免遭反击；或者紧接着朝对手的下巴再补上一拳。当你的左手加速打向目标时，右手应从防守位置微微抬起，手掌张开——所有手指，包括拇指在内，紧并在一起，如同一个刀片——手掌略微转向沙袋，好像是你要用右手手掌外沿砍向对手的左肩。但是，你不能真砍，相反，你的右手只是保持适度的警戒，直至左拳击中目标。

再尝试几次左手冲撞击打，确保每次击打时右手都会自动变成一把处于警戒状态的刀。（图 13）或许你会奇怪，为什么我不讲右拳，而是先教左拳。因为我们正在构建给对手致命一击的最佳方式。从左拳讲起，有以下几个原因：

对于一个惯用右手的拳手（左撇子例外）而言，左拳比右拳更重要，尽管看上去恰好相反，但事实如此。在常规拳架姿势中，相比右手，左手距离对手的头部或身体更近，也正是基于这点优势，左拳的攻击相对于距离稍远的右拳来说，对手更难避开。如果你先以左直拳或左钩拳结实地打中对手，至少会让他失去平衡，然后，你再用右拳给他致命一击，使其倒地。

以左手攻击对手不仅更容易，也会让你更安全。当你以左手击打时，你的下巴会被左肩护住，其余部分由右手进行防护。正因为使用左手更容易、更安全，所以拳手通常会用左拳领先击打。当两位拳手警惕地注视着彼此，试图寻找战机、打开突破口时，双方打出的第一拳通常都是前手拳。在遇到格斗经验丰富的对手时，以右拳率先击打是非常危险的行为。然而，右拳率先打出也会达到出其不意的效果，有时甚至可以给对方以致命一击，就像马克斯·施梅林在与乔·路易斯的一番战中所表现的那样。

除此之外，坠步的使用也可以确保你打出的这一记左冲撞直拳结实有力。如果你仅试图在中距离以转肩的方式打出一记中规中矩的左直拳的话，你就不会有如此出色的表现了——目前大多数拳手都是以这种方式将体重运用到直拳当中。我稍后会解释为什么仅靠转肩打出的直拳不能带来有效的后续反应。现在，我只想指出，当一个人以常规的拳架姿势站立，通过重心前移和左肩略微向前以保护下巴时，他的肩膀几乎不能通过转动融入左拳的冲撞中，除非他事先将左肩向后拉——这样的举动无疑是一种非常严重的错误。

我之所以使用“左冲撞直拳”的称呼来代替“左刺拳”，是因为我不想让你将投掷出去的左直拳与现在大多数业余和职业拳手所使用的毫无杀伤力的左直拳或刺拳相混淆。他们中的绝大部分人使用左刺拳连你的帽子都打不掉，他们只会用它来轻快地点击、拍打、拂扫、挠人，就好像是往脸上打粉底一样。他们使用刺拳更多地用来迷惑对手，而不是重创对手。他们打出的刺拳如同迎风飘扬的免战牌，用以阻止训练不足的对手占位发动攻击。可是优秀的拳手无须占位，随时可以出拳。一些人使用刺拳仅仅是为右拳开路，这是非常愚蠢且危险的行为，因为适当的假动作也能实现同样的目的。除少数人以外，他们并不会把左刺拳发展成冲撞式的重击手段，哪怕它本身有可能是一件可以将对手击倒或击晕的爆炸性武器。

有两个原因可以解释为什么左冲撞直拳在今天的格斗中很少出现：首先，几乎现在所有的拳手都在以不迈步的转肩方式打刺拳；其次，几乎所有人都被灌输了错误的防守观念，那就是以左手拳轻快地击打对手远比以左手拳重创对手要安全得多。

关于错误的防守观念，让我不得不说，任何时候，只要你伸出左拳，无论是为了轻快地击打还是全力重创，你都有被反击击中的风险。而那些使用“轻拳”去试探、敲击的笨蛋，他的左手要比带有爆炸性质的冲撞式左拳使用者更加频繁地伸出。后者从不轻易出拳，只有当对手暴露出空当或自己使用假动作时才会把拳掷出来。的确，相比重拳出击而言，轻快地击打可以令你迅速恢复自身平衡，但专注于防御刺拳轻击和拍打的对手会比突然被重拳“轰炸”的对手更加警觉地发起反击。

我给所有初学者的建议是：只在一种情况下使用击打力度较轻的左刺拳，即所谓的一二连击——先以左刺拳攻击对手的额头，迫使其头部后仰，紧接着以右直拳攻击他的下巴，给他致命一击。现在我告诉你如何打出右直拳。

右冲撞直拳与左冲撞直拳打出的位置一样。先以常规拳架姿势站立；右手放松，呈半张开状，拇指的指关节在嘴唇正前方约 10 厘米处。

当你做坠步时，将右手朝着沙袋上与下巴同等高度的位置直接打出。（图 14）打出之前，右手不做任何准备动作，不向后拉，也不向右翻转。通过坠步的配合，打出的右拳以直立状砸到沙袋上，第二掌指关节是主要的接触部

图 14

位。此时，你的左肩、左臂和左手应该牢牢地护住下巴。记住，打出右拳时，左手要张开，呈刀片状，掌心微微转向对手，而且在出拳的瞬间，左手及手臂应保持适度的紧绷感，以此在脸的正前方形成一道结实的屏障，防止对手伺机以右拳反击。当你的右拳完全打出后，左手食指应停留在左眼正前方大约 25 厘米的位置上。一旦右拳命中，左手立即恢复至正常的半握拳状态，以便在必要时迅速打出。

以任意一只手的直拳打向对手的身体，起始姿势和打出方式与攻击对手头部时相同（出拳前，身体部位的任何变化都会形成预兆）。不过，在打出的过程中，拳头会旋转至掌心朝下，同样是以第二掌指关节在对手身体上“引爆”。此外，当你的拳头开始打向对手的身体时，你会向前屈膝，重心沿着防护手的手臂向下滑行，你的下巴也会随之被掩护起来，成为一个不易暴露的目标。

当你练习这些拳法时，要始终睁开眼睛。一旦进入格斗状态，永远不要闭眼，死死盯住你的目标。**你必须时刻把眼睛睁开，无论是在打拳架还是在进行拳击比赛**。

把眼睛睁开的同时，把耳朵“关闭”，尤其不要听那些指手画脚的旁观者和自命不凡的聪明人的声音。他们会嘲笑你在刚开始使用启动步时的笨拙表现；他们可能会告诉你，要像战马一样冲进去；他们也可能会讥讽你只会像根棍子一样戳击；他们还会教导你，**打向头部的每一拳都应该掌心朝下**；甚至，他们会提示你，你已经完全失去了平衡，如果你迈步打拳落空了，肯定需要一个缓慢的恢复过程。

你不是在发起冲锋，你是在向前方点射。你不是在戳击，你是在“引爆”。一记迈步直拳打向对手头部时，你的拳头应该是立拳，以保证拳头沿直线打出。当你用拳头击打对手头部时，在命中瞬间如果掌心旋转朝下，会让出拳的路线发生弧线运动。在本书后面，当你学习在不动步的情况下仅凭转肩打出直拳时，你会学到所有关于弧线运动的知识。现在不要担心平衡和恢复问题，只管以正确的姿势出拳。当你的双脚、双腿及手臂适应了坠步以及沿力量线引爆之后，它们会帮助你恢复平衡。无论你是命中目标还是打偏了，它们都将确保你仍能处于常规的出拳姿势。

在你掌握这种出拳方式之前，不要因任何人的劝导而缩短步幅。你必须成为能够熟练使用相对较长步幅的专家，其原因有两个：① 你找不到其他方式可以让你成为一名具有“爆炸力”的远距离“神枪手”，特别是你使用左手时；② 你找不到其他方式可以让你习惯于身体闪电般地前倾，甚至使其成为本能反应，以后，当启动步成为一种习惯时，你的身体将会突然向前——无论你移动 60 厘米还是 6 厘米。

为了让你初期的基础训练和远距离击打练习更加有趣，我现在将告诉你如何调整站姿，并教给你步法的基本原理。

STANCE

11 站姿

站姿是一位拳手准备进行格斗时习惯采用的姿势或站位。

有 3 种主要的站姿：

1. **直立站姿**（图 15）。许多英国拳手会采用这种站姿，身体几乎是上下垂直的，重心要么均匀地分布在两只脚上，要么主要落在右脚上。这是一种非常好的防守姿势，它允许双脚快速自由地移动，并且拳手可以自由阻挡或拍击来拳。然而，它在防守方面尚有不足之处。与重心前置的站姿相比，该姿势的使用者在被击中时更容易失去平衡或倒地。在进攻时，该站位也不足以启动爆炸式重拳，因为重心并未前置。

2．**半蹲站姿**（图 16）。这是你一直用以投掷爆炸式直拳的站姿，也是打拳架时最完美的姿势，稍后我会对此进行解释。

图 15

图 16

3. **下蹲站姿**或蹲低站姿（图 17）。几乎所有习惯使用摇闪的拳手都会在近距离时采用这种姿势——他们近身时是通过从一侧到另一侧上下摇摆来完成的。相比惯用直

图 17

拳的攻击者来说，擅长钩拳攻击的人会较多地采用这种姿势。摇闪者喜欢近距离作战，而所有的钩拳和上钩拳均是近距离内最具有爆炸性的攻击武器。拳手在掌握了摇闪的技术之后，该站姿会是一个**非常好的防护姿势**。掌握摇闪技术需要相当长的时间。你摇摆不定的头部会成为一个难以捕捉的目标。此外，由于你的身体过于向前弯曲，所以对手很难击中你的身体。这也是我个人最钟爱的站姿。我在与大块头作战时，它能发挥出非常重要的作用。当然，它也存在着不少缺点：由于重心过于靠前，不太适合在迈步冲撞直拳中使用坠步；如果你想后退的话，也不太容易快速离开所在位置。

如果拳手是个左撇子，他也可以使用以上 3 种站姿中的任意 1 种。只不过，要让他的右脚和右手在前面，左脚和左手在后面。对于一个左撇子拳手来说，以左架姿势（右侧置前）去格斗要容易得多。然而，大多数教练更喜欢改变这些左撇子，让他们采用右架姿势（左侧置前）站立。

我前面提到过，你一直采用的半蹲站姿是**打拳架时的最佳姿势**，其原因如下：① 重心靠前，刚好可以打出爆炸式直拳；② 由于重心足够靠前，可以防止被击中时失去平衡或轻易倒地；③ 尽管重心足够靠前，但这并不会干扰你的步法移动——步法对于你在打拳架时与对手保持较远的距离至关重要；④ 你可以始终处在一个舒适的平衡站姿上，无须任何准备动作即可发动攻击、反击或完成防守。

12 FOOTWORK 步法

在距离沙袋大约 3 米远的位置上，以拳架姿势站好。轻微晃动一下，体会平衡和舒适的感觉。现在，左脚向前迈出一小步——大约 20 厘米；右脚自动跟进，保持常规站位，将你的重心轻轻地放置在脚掌上。（参见图 18 的上半部分示意图）继续以这种方式向沙袋移动。当你向前移动时，尽量克制自己，不要像木马一样来回摆动。相反，应该让你的移动过程相对平稳，膝关节微微弯曲，身体保持拳架姿势。

当你移动至击打范围之内时，无须任何准备动作，直接迈步用左手或右手向着沙袋打出一记冲撞直拳。我的意思是，**你的最后一次移动必须进入有效击打范围之内，你的下一步动作是直接上步出拳**。当你决定出拳时，绝

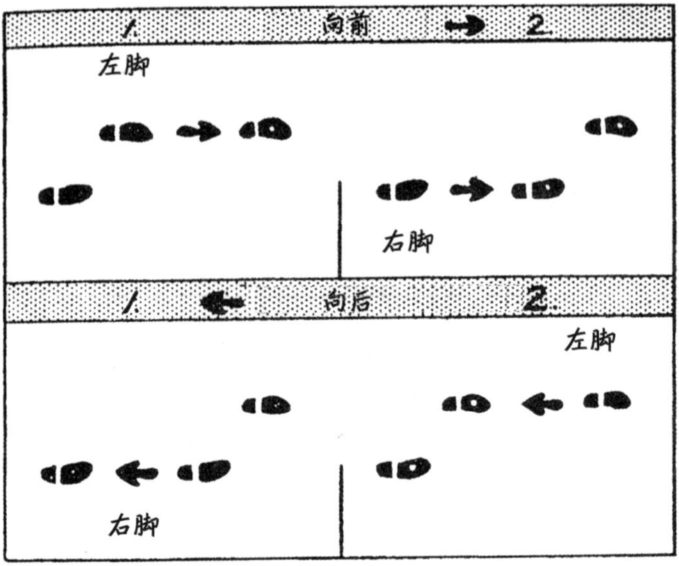

图 18

不能再上前半步或有任何跳步出现，更不能把准备打出的拳头往回拉。反复练习几次这种移步接近的方式，先用一只手进行击打，熟悉之后，再练习用另一只手击打。

接下来，尝试**向后移动**。在沙袋击打范围内，以拳架姿势站立，并不上步打拳，而是从原来的站位上将右脚向后滑动大约 20 厘米；左脚自动随之后退，直到与右脚恢复正常间距。（参见图 18 的下半部分示意图）记住，当你的右脚向后滑动，左脚随之后退时，身体重心要始终向前。继续向后移动，远离沙袋，后撤 10~12 步之后，就可以停下来了。

每次向后移动时，确保右脚先动，并且右脚要始终位于左脚后方。左脚在后退时，不得越过右脚所在的位置。因为一旦出现这种情况，你会瞬间失去平衡，从而破坏正确的出拳姿势，并且容易被对手击倒（进行“双脚转换步”时除外，后面我会对此进行解释）。

记住这类步法的基本原理：**向任何方向移动时，靠近移动方向的那只脚先动。**

刚开始练习滑步时，会显得有些笨拙，适应之后会变得特别容易，成为自动自发的动作。你能够以极快的速度向任意方向移动。当动作变得自如之后，你可以根据格斗形势向前或向后快速移动，起初的半蹲站姿也会略微升起，重心落于双脚的脚掌上，如同有节奏的跳动的舞步。然而，切记一点：**如果你是有目的地使用前滑步去贴着对手移动，或使用后滑步诱使对手上前，那么此时不宜使用“跳动的舞步”。**

现在你知道如何向前和向后移动了，接下来，我们开始讨论“侧步”和“环绕”，这两种步法都可以用于攻击或防守。

侧步很容易。当你以前滑步向沙袋的方向移动时，你会发现自己所抵达的位置差一点就是在击打范围内。此时，你不再向前迈步，也不出拳，而是突然右脚向右侧移动一步。右脚向右侧移动大约 50 厘米，比初始位置稍稍向前一些。左脚随之向右移动，同样也要稍向前一些，此时你的双脚再次恢复成了常规的拳架位置。（参见图 19 上半部分示意图以及图 20）然后，向前上步，朝着沙袋上的与你下巴齐平的位置打出一记左直拳。反复尝试这一系列动作，之后换成向前上步右直拳打向沙袋，同样是与下巴齐平的位置。

多做几次侧步和出拳。每次向右移动，都要确保右脚先动。**侧步移动时，不要试图出拳**，在闪电般迅速的侧步完成后再出拳。你的快速侧步将迫使对手中断动作并重新调整他的常规站位，因为此时他正蓄势待发，很可能给你一拳，或者已经做好了防守的准备。你的侧步将阻止他立即出拳，同时，也可能会让他露出空当，方便你的前手拳打入。

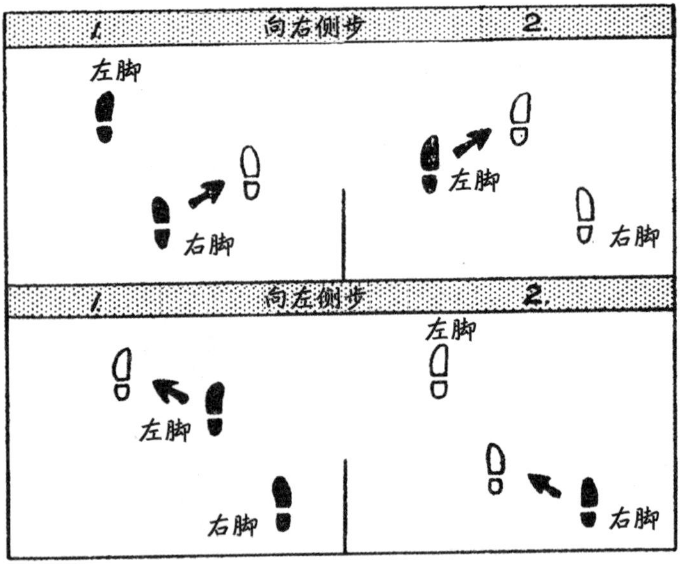

图 19

A

图20

环绕着沙袋做一系列右侧步的练习，不要停下来出拳。但要确定一点，无论如何，环绕沙袋移动时，当每一个侧步完成后，你必须是以常规的拳架姿势直接面对着沙袋，此外还要确保你的左腿永远不得与右腿交叉。

接下来，继续环绕沙袋——在 3~4 次侧步之后，向前上步，一记左冲撞直拳打到沙袋上。再环绕几次之后，上步打出右拳。左侧步环绕沙袋几乎与右侧步的方式一样，不同之处在于左脚要先向左迈一步（参见图 19 下半部分示意图）。

当你环绕时，要确保你的双手和手臂处于常规的防护位置，特别是向左侧移动时，那正好是对手的右侧。就算仅仅是出于防守的目的，当对手冲向你时，侧步和环绕也都是非常有效的应对方式。

如果你对着沙袋勤练步法和远距离出拳，你很快就能在打拳架时干倒一个体重和你差不多的普通人。即使你从未学过更多的格斗知识，或者从来没有机会与真人对练，你也能做到这一点。你的手中已经握有“炸药”，我敢打赌，普通人肯定做不到这一点。但你还应该学习更多的内容，才能变成一个全面的善战者。你应该从转肩和急剧上提的原理中学习各种类型的击打方式，以及基本的侵略性防守技术。

RANGE

13 距离

在从转肩和急剧上提的原理中学习出拳之前，你应该先学会理解和建立起“距离”的概念。

当你处于常规的拳架站位时，**距离是指你的右拳和你的首选攻击目标（对手的下巴）在空间上的间隔长度**。右拳的攻击范围是测量距离的标准，如果你没有打出右拳的空间，你肯定也没有足够的空间上前打出左拳。

“距离”一般分为 3 种：

1. 远距离（图 21）。这是爆炸性击打的适用范围，常用于主动发起攻击。在该范围内，你距离对手足够远，所以你可以上步打出一记力度十足的直拳，可以是主动进攻，也可以是反击。现在，你应该已经明白了，将体重投射出去的坠步便是在远距离攻击时使用的。

2．中距离（图 22）。这是快速直拳互拼的攻击范围。当你不准备与对手互拼时，你很少停留这个位置上。在这个范围内，你有足够的空间打出直拳，但没有空间上步。所以，在打出这些直拳时，体重的调动主要由转肩来完成，无法再借助坠步。如果足够幸运，你也可以借由转肩打出重击直拳，**但你永远不可能仅从转肩中获得在远距离上步时所产生的爆炸性力量。**

图 21

图 22

3．近距离（图 23）。这是近身肉搏的范围。你们离得非常近。你没有出直拳的空间，所以你只能使用钩拳或上钩拳。钩拳主要是由转肩，或转肩与身体急剧上提相结合来产生击打力量。上钩拳的力量主要来源于身体急剧上提。

图 23

钩拳结合转肩是最合理的击打方式，它所发挥出的爆炸性与远距离冲撞直拳有得一拼。相比直拳而言，钩拳更容易被躲开，然而，真正的上钩拳很难躲开。如果击打方式正确，上钩拳也会变得极具爆炸性。你，或者其他任何人，都应该熟练使用钩拳和上钩拳，它们比中距离转肩打出的直拳更加结实有力。

当你真正审视近距离击打方式时，你会知道为什么钩拳和上钩拳在近距离作战中是最理想的攻击武器，而上步直拳却很难施展。我猜测大概有 1/3 的钩拳和上钩拳是在上步的配合下打出的，目的是击中无法以直拳攻击的目标。但这一步的步幅通常不会太大，而且不会削弱拳头的打击力度。

当我们讨论距离和击打方式时，我要强调一个非常重要的基本原理：**两点之间，直线距离最短**。在常规的拳架站位上，以任意一只拳头沿直线击中目标比用钩拳或上钩拳做弧线击打所需的距离要短。因此，当具备同等机会、可用多种爆炸性的技术去攻击目标时，直拳永远是优先选用的武器。换句话说，当你能够使用直拳猛击时，犯不着迈一大步去打出钩拳或上钩拳。

另一方面，如果你与对手的距离非常近，几乎已经处于搂抱状态，此时你再向后退，试图用直拳捅向对手的面部，那会是非常愚蠢的行为。在这种情况下，你应该用爆炸性的钩拳或上钩拳击打对手的下巴，或“凿”进对手的身体里。你对距离的准确理解会使你在每一种距离内采用正确的击打方式，并且会帮助你判断距离——准确地预测对手的下巴在其头部移动过程中某个瞬间所停留的位置。此外，在时机方面，它也会帮到你——当你的击打目标抵达指定位置时，你的拳头刚好砸到那儿。

在格斗中，时机和距离的判断是至关重要的，由于距离在不断地变化，你需要使用各种类型的击打方式去适应它，并且及时捕捉对手暴露出来的空当。

14 STRAIGHT PUNCHING FROM THE WHIRL 转肩直拳

通过转肩，你可以让体重旋转运动起来。

肩膀甩动，一侧向前，另一侧向后，肩膀、后背、腰腹及腿部的肌肉共同协作完成转动。此外，身体重心在两腿之间的转换对转肩也会起到辅助作用。你只需关注肩膀的动作，你与生俱来的运动能力会指导肌肉和动作之间的协作。

你可以通过自身感觉来更好地体会如何转肩打出直拳，无须使用靶子。

站在房间中央，两脚舒适地分开，脚尖齐平（在一条横线上）。双手放松地提起，置于胸前，呈自然防护状。（图 24A）轻松地将肩膀向左转，同时，将右拳伸向假想敌的下巴。当右拳向假想敌下巴的方向移动时，转动拳头，使掌心朝下。此时，左肩已彻底移向后面，左手仍放松地

置于左胸正前方。左手要对准右拳伸出后的落点。（图 24B）

现在，**突然向右转肩，凭借左肩的转动将左拳直接打向右拳刚刚占据的位置**。一定要靠左肩的转动把拳头打出，而不是让伸出的左臂拉动左肩转动。在左拳打向假想目标的过程中，转动拳头，使掌心朝下。与此同时，右手回收至右胸前，呈自然防护状。（图 24C）

图 24

对着沙袋练习转肩。先打出一拳，再打出另一拳，砰——砰——砰——砰——直到你能随着肩膀的动作有节奏地打出直拳。你的肩膀应该像自行车的把手一样前后摆动。双脚不要移动。**务必确保每一次爆炸式的出拳都是由肩膀催动的，而不是拳头拉着肩膀转动**。这种双脚齐平的站姿最适合以转肩的方式打出直拳。然而，不幸的是，这种理想的站位并不是你常规的打拳姿势。因此，我们将不得不重新回到常规拳架姿势上来，并尝试从该姿势打出转肩直拳。

以常规的拳架姿势在房间中央站好，双手置于常规的防护位置。在不借助沙袋的情况下，轻松地进行转肩出拳练习。当你的肩膀左右甩动时，你会发现自己的左腿如同一个枢轴，躯干和肩膀在这个枢轴上方旋转。（图25）如果你转肩打左拳，左脚尖会稍向内侧转动，这会让你自左向右的转动变得更加自如。这一特殊的转动会给你提供更好的助力，因为当你以常规的拳架姿势站立时，你的左肩位置过于向前，导致你在打出左刺拳时，左肩不能更充分地转动。除非你在出拳前先把左肩向后拉，可是你不能这么做。一旦这样做了，你很可能会被打晕。

左脚尖向内侧转动是可以的，但幅度不能过大。如果脚尖内扣过于明显，那么你做坠步时很可能会使左脚踝扭伤或骨折。此外，打左刺拳时，左脚尖向内转动的幅度越大，则反向转肩打出的右直拳自如度就越差，尽管你的左腿在实操层面起着枢轴的作用。**每一记转肩打出的直拳，**

图 25

无论是用于引导式攻击，还是用于反击，都必须从常规的拳架姿势打出。然而，当你与对手进入快速直拳互拼的攻击范围时，你的右脚将上前补救。当你的右脚向前移动，直至与左脚齐平或接近齐平时，你就又处在了理想的转肩站位，可用任意一只拳头去“轰炸”对手。此时，左、右直拳都能获得同样的转动幅度。现在你可以对着沙袋进行常规站位和理想站位的转换练习。**转肩直拳攻击对手身体与攻击其头部的方式相同**，拳头旋转，掌心向下。

回想一下，以迈步冲撞直拳攻击对手头部时，是以立拳接触目标的，但以转肩直拳攻击对手头部时，却换成了掌心向下的平拳，为什么会有这样的改变呢?

原因在于，转肩直拳一般不是直线运动。它通常会有细微或明显的弧线运动。拳头在将要接触对手的头部时会有轻微的角度变化。由于角度调整的原因，以平拳接触目标能够获得更大的稳定性。某些教练在训练拳手使用直拳攻击对手头部时，喜欢让拳手以平拳接触目标，“因为在运动过程中，旋转拳头可使击打动作有一个瞬间的撕裂感”。这是真的。对于一个不知道如何正确“引爆”的家伙来说，瞬间的转动可以为他的击打增加一些力量。然而，你的“引爆”并不依赖于手腕的转动。

当我说转肩直拳并不是直线运动时，我要表达的意思是什么呢?

我的意思是，没有借助步法的转肩直拳是一种不够纯粹、不够完整的击打方式，你越是希望它足够有力，就越会不自觉地试图加入弧线运动，以使其表现得更好。我会对此进行解释的。

15 PURITY IN PUNCHING

出拳的完整性

你前面学过的迈步直拳是完整的，因为它具备了出拳击打的所有要素。其中一项基本要素是：**体重运动的方向必须与出击拳的拳峰**[1]**指向一致**。换句话说，体重移动的方向必须与力量线的出口指向相同。

当你以坠步打出直拳时，坠步和右腿的弹簧式发力会将你的体重直接抛向前方——与你出击拳的拳峰指向一致。（图 26）伴随其中的转肩动作所获得的辅助力量并不会让坠步过程中的体重移动方向发生改变。而当你不借助步法移动，仅凭借转肩打出直拳时，你的体重移动方向和拳峰

① 译者注：为便于理解和行文通畅，自此处起，将作者原文中提到的 striking knuckles 译为“拳峰”，该拳峰是指小指、无名指和中指的三处掌指关节。

图 26

指向并不完全一致。做完下面这个小实验，你就会明白我在说什么。

面对沙袋，以常规拳架姿势站立。先转动肩膀，以左拳用力地打向沙袋，紧接着转肩，对着沙袋上的同一落点奋力打出右直拳，但是，**并不是真的让右拳击中沙袋，而是要在它命中之前猛地拉回至胸前**。

发生了什么？

你的身体在以左脚为枢轴进行旋转。由于身体像陀螺一样原地转动，所以几乎没有突然向前砸进沙袋里的倾向。如果你继续打完那一拳，你的拳峰指向和你的身体旋转将不在同一方向上。拳峰沿直线向前，而肩膀却在旋转。通常情况下，当一记直拳在目标上引爆时，手臂是完全伸展开的。而在不借助步法移动的情况下，在转肩直拳引爆的瞬间，拳峰试图继续朝前运动，而肩膀则试图将手臂拉向另一个方向。（图 27）

你移动起来的身体重量可能会被你转动的肩膀甩向内侧，而不是像坠步击打时那样直接抛向前方，并在目标上引爆。除非你的对手正好跟拳头撞上，否则这种打拳方式不会有爆炸式的后续反应。顺便说一句，我认为这种鞭抽式的击打方式是导致许多拳手肩肘莫名受伤的主要原因，比如韧带撕裂、肌肉拉伤以及关节脱臼。

你转肩打出直拳的力度越大，身体就会越努力地借助弧线运动来保证出拳力量的完整性。你的身体会试着将你打出的拳峰拉向你身体转动时的弧线方向。你越是用力出拳，尤其是在快速交锋中，与生俱来的身体本能越会迫使你打出钩拳。你看，**钩拳才是最完美的旋转击打方式，它具有完整性**。因此，转肩直拳的弧线运动越长，击打的

图 27

爆炸性越强。

然而，在击打时，你不能放任身体肆无忌惮地旋转。因为你做弧线运动的范围越大，你的拳头越容易被对手阻挡或躲开。此外，在快速交锋时，你掷出的拳头越是直奔目标，你越能更好地处在对手攻击的内围。短兵相接时，占据内围优势的人通常出拳命中率更高，所以，**弧线运动的轨迹不能太大**。

虽然不借助步法仅凭转肩打出的直拳是不完整的，但你不要认为这种方式不值得用，**在你无法移步的情况下，旋转是很有用的，即便是在坠步击打时，旋转对于力量的提升也能起到非常重要的作用**。转肩所产生的力量越大，两种直拳（迈步冲撞直拳与转肩直拳）的击打力度也越大，为钩拳注入的爆炸性也越强。因此，转肩极为重要。但是，我要强调一点事实：**无论是你还是其他任何人，都不能在没有坠步配合的情况下仅凭转肩就打出极具杀伤力的直拳，它与借助坠步打出的直拳在力度方面相差甚远**。我之所以强调这一点，是因为有许多教练教导学生："除非迫不得已，否则永远不要以迈步的方式去打直拳。"该教导是错的。

在你开始尝试转肩打出直拳之前，你必须让启动步（坠步）内化为你的本能。否则，你在需要上步打转肩直拳时，会使用错误的步法。比如，当你上步打左刺拳时，你的脚步会随身体的转动而改变方向。接下来，如果你试图接着迈步打出右直拳，那么在掷出右拳之前，你得像棒球投手一样，先把左脚回拉至触碰右脚。棒球投手在做坠步前当然有时间完成回拉的动作，但如果你也这么做，你就会被对手的拳头打中，成为一个“接球手”。

你可能会问：“那么，我应该什么时候迈步，什么时候转肩呢？”

答案很简单：**只要你有机会，哪怕只能迈出很小的一步，也要以冲撞直拳的方式打出你的拳头**。当你无法迈步时，本能会促使你完全依靠肩膀的旋转打拳。

接下来，我们来看看近距离的出拳方式——钩拳和上钩拳。

16 HOOKING 钩拳

钩拳是以肘关节呈明显弯曲状打出的旋转式重击（图28）。

图 28

许多人会将摆拳误认作钩拳，因为两者在击打时拳头均是沿圆弧方向运动。然而，这两种类型的击打方式存在着明显的区别，而且事关生死。它们的区别在于击打时肘关节的弯曲角度不同。打摆拳时，手臂通常会完全展开，或几乎完全展开。（图 29）

摆拳是一个人在自我防卫时最自然的击打方式，但它也是潜在风险最高的一种出拳方式。抡摆拳的人在向后把

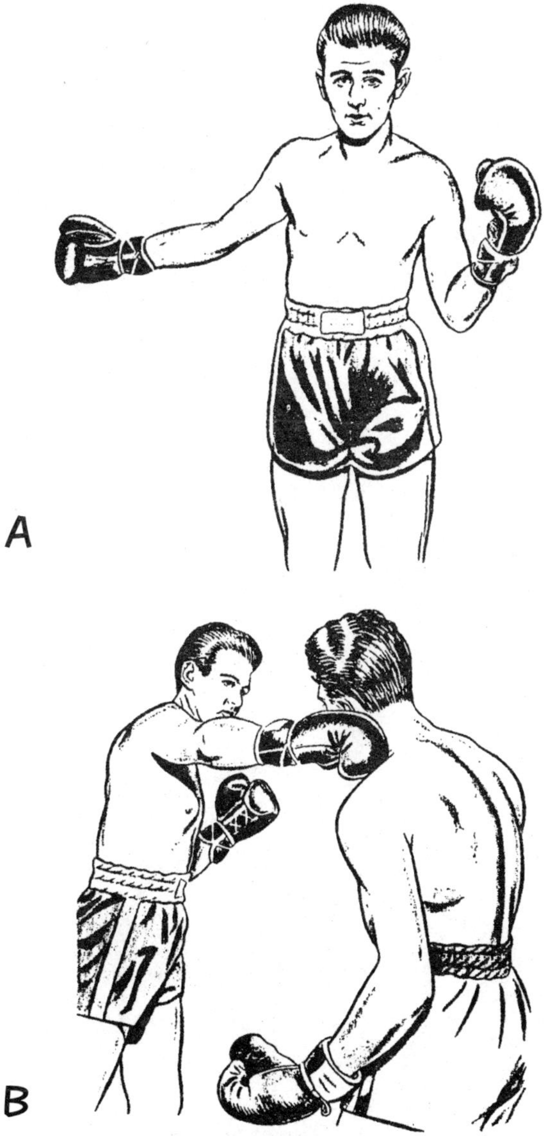

图 29

拳头拉开以及让拳头沿着长长的弧线向目标移动时，很容易因为空门大开而被对手迎面一拳击中。此外，用力抡出的拳头在击中目标时，几乎不可能以拳峰为接触点，而是经常以手指的近侧指间关节、拇指关节以及手腕来接触目标，这样一来，3 个接触点的任意一处都有可能造成骨折。另外，摆拳也是一种无效的击打方式，其原因有二：① 对手很容易阻挡或躲开；② 该动作本身缺乏钩拳的爆炸性。

正因为摆拳并非一种完整的击打方式，所以在爆炸性上有所欠缺。虽然你的手臂和拳头是在沿着身体旋转的方向移动，但拳峰的指向与圆弧方向并不一致。你的拳峰——力量线的出口——是朝外或趋向于朝外的。你的手臂像车轮的辐条一样移动，而你的力量线也如同辐条一样延伸，直接指向车轮的外侧末端。（图 30）**除非你的拳**

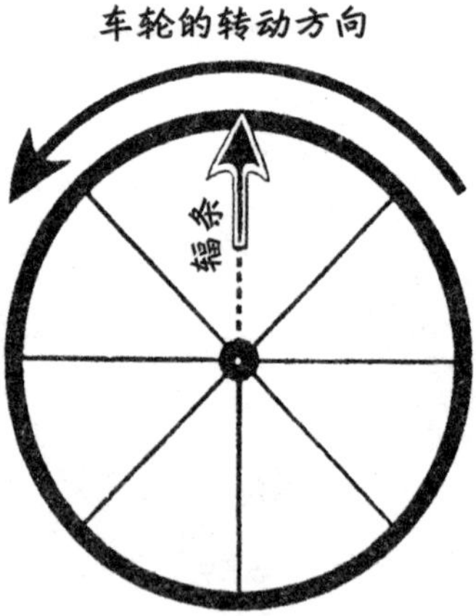

图 30

峰指向与体重的运动方向完全相同，否则当你试图以拳头爆击目标时，你既不会获得很好的后续力量，也很难让力量线变得稳定。然而，在钩打时肘关节是明显弯曲的，这会使你拳峰的指向与体重的运动方向一致。（图 31）如此一来，你就能打出完整的一击。肘部弯曲得越厉害，动作越紧凑，钩打的爆炸性越强。当你以钩拳击中对手的下颌时，你可以感觉到那条自肩膀到拳头的力量线坚实无损地发挥着作用，如同你在打坠步直拳时一直向前的那条线一样。

图 31

钩拳是完整且纯粹的击打，而摆拳则不然。在打拳架或拳击比赛中使用摆拳与使用活的响尾蛇做武器一样危险——使用者有可能成为受害者。面对这类人时，永远牢记一点：任何缺乏经验或因脑子迷糊而使用摆拳作为攻击武器的人，都是可以轻易被直拳、钩拳或上钩拳打蒙的笨蛋。

将摆拳拿起来，直接扔进泔水桶，然后忘了它。

让我们来研究一下那些极具爆炸性的攻击武器——**钩拳**。

一般来说，钩拳有 2 种类型：

1. **铲钩拳**（shovel hook）：肘部贴近身体，朝内侧出拳。攻击对手身体时，肘部贴紧髋骨；攻击对手头部时，肘关节贴紧下端肋骨。

2. **外围钩拳**（outside hook）：肘部向外远离身体，将拳打出。

我们先把铲钩拳搞清楚，因为它是从你的常规拳架姿势打出来的，而且它是你在打拳架以及拳击比赛中最常用的近距离攻击利器。

在重沙袋前以常规拳架姿势站好。用前滑步向沙袋靠近。左臂轻松地垂于身体一侧。抬起左手（拇指朝上）及前臂，使其直接指向肘部外侧。（图 32）肘部内收，紧贴于髋骨前缘。将半握拳的左手稍向上翻转，使手掌偏向天花板，手掌倾斜之后，应与地板和天花板成 45° 角。与此同时，右手保持正常防护位置。现在，双脚不动，突然向

图32

右转动身体，左侧髋骨会随之出现一个转动、铲起的动作，将左拳狠狠地顶进沙袋，瞬间“引爆”，落点大约是在太阳神经丛（心窝）的高度。（图 33）左手倾斜的角度会使你的拳峰结实地抵到沙袋上。

图 33

反复尝试几次这种出拳方式。在你从常规站位开始转体之前，确保肘部、肩膀及双腿没有丝毫的紧张，**更重要的是：① 手掌与地面呈 45° 角；② 用力挺髋并将拳头铲出**。

无论是用于攻击对方的身体还是头部，所有铲钩拳的重要特征均是拳面角度与挺髋。挺髋时，腿部会配合蹬地发力，这一动作会加快身体的转动速度，同时使身体转动的方向略微向上偏转。此时，**拳面的倾斜角度与肘关节的弯曲状态相结合，使你的拳峰指向与身体转动上提的方向一致**。你会打出一记完整的铲钩拳。你的拳头会结实地砸到沙袋上，并会产生相当严重的后续反应，**而这记完整的铲钩拳所具有的特定切入角度也会使你的拳头突破对手的防护，直接打入其内围**。

接下来，试着用右铲钩拳攻击沙袋的“身体”。使用与打出左铲钩拳时完全相同的身体协作方式，但换成左手保持警戒。由于右侧出拳时，通常可以让肩膀和髋骨获得更大幅度的转动，所以初上手打右铲钩拳对你来说会更容易。反复练习几次。

现在，我们准备练习针对头部的铲钩拳。

针对头部的铲钩拳是在近距离以常规拳架姿势打出的。相比沉重的沙袋，一个充气的梨形速度球更适合用来练习这种铲钩拳，因为你的铲钩拳击打位置要上调至下巴高度。

在沙袋或速度球前站好，双手保持在正常的出拳位置。左臂向身体靠拢，保持前臂向上直立，直至拇指关节与左肩仅剩一小段距离为止。确保左肘充分内收，紧贴于左侧肋骨下端。（图 34）现在，双脚不动，身体突然完成转肩挺髋，将左拳倾斜着砸向沙袋或速度球上与下巴同等高度的位置，将其“引爆”。（图 35）

图 34

图35

尝试做四五次左铲钩拳，确保每次转动时，肘部紧贴于左肋骨下端，并且当接触目标时，拳头离左肩仅有一小段距离。

如果有陌生人看到你在练习这种铲钩拳，其中一人可能会说："为什么他用左拳挥打时身体要侧过去？"另一人会说："他可能刚打出了一记左上钩拳。"

这两种说法都是错的，你既不是在挥打，更没有打出上钩拳。**如果你不是以手掌一侧而是以拳峰正确接触目标的话**，那么你所打出的会是一记合格的内围左钩拳——它是人体武器库中攻击距离最短、最具爆炸性的一种击打方式。

接下来，尝试打出几次针对头部的右铲钩拳，该动作会比左铲钩拳更容易打出去。

当你针对对手身体或头部初次尝试打出铲钩拳时，我允许你有一些准备动作或预兆。然而，当打出铲钩拳时的身体动作逐渐变成你下意识的动作之后，你就不需要在开始攻击对手身体之前先把肘部下压至髋部，在攻击对手头部之前也无须先把前臂和拳头竖起。相反，每次击打前，你的双手应处于正常位置。**当你开始转肩挺髋时，你的拳头将快速且本能地铲出去，你的身体会把它带起来。**

你可能一直很好奇，如何在打出铲钩拳之前进入近距离攻击范围，因为前面没有提及步法配合出拳的情况。其实，进入近距离攻击范围并不是一件难事。例如，你可以用任意数量的组合拳来发起攻击，一旦进入近距离攻击范围，铲钩拳会紧随其后打出去。最简单的组合拳是先以一记长距离的冲撞左直拳攻击对手头部，如果未能将对手击倒，顺势再以右铲钩拳击打其头部或身体；或者，先以一记左直拳攻击对手头部，再以左铲钩拳攻击对手头部或身体；还可以用一记长距离的右直拳攻击对手头部，如果没能成功爆击目标，也会让你进入特定位置，方便你以左铲钩拳去攻击对手的头部或身体。此外，有时对手会向你快速靠近，其速度之快令你无法上步反击，但正是这种速度将他送到你面前，让他成为你近距离“枪炮”的最佳靶子。还有一点，当你以阻挡、拍击、侧闪或其他方式应对攻击时，很多时候你是处于近距离攻击范围内，更方便以铲钩拳进行反击。后面我会向你展示所有的防守动作——在你完成出拳训练之后。

反复练习铲钩拳，直到你完全掌握它们。对于经常打拳架的街头斗士来说，铲钩拳很有价值，其重要性仅次于远距离冲撞直拳。它会使你有机会击倒那些试图抓住你的对手，最不济也能让其“软化”。在面对惯于使用外围钩拳的摇闪型对手时，铲钩拳会让你在常规拳架站位上保持内围优势。虽然不如上钩拳那么有效，但它可以迫使摇闪者挺直身体，从而避免你为了适应对手的游戏规则而不得不以下蹲的姿势去击打对手。

由于铲钩拳是短小而紧凑的击打方式，所以你在使用时被对手击中的可能性比使用动作幅度更大的外围钩拳要小得多。

这就引出了我们对于外围钩拳的研究。

拳头在击中目标时，肘部远离身体、处于外张或向上姿势的若干钩拳方式均可视为外围钩拳。正确打出的外围钩拳是完整且成熟的击倒性重拳。你的拳峰指向与身体转动的方向完全一致。然而，**只有在近距离击打且肘部明显弯曲并保持紧凑的状态下，外围钩拳才是完整的击打方式**。

牢记这一点：当你打出外围钩拳时，你的动作幅度越大，钩拳越容易退化成摆拳，你的动作必须保持紧凑。

当然，铲钩拳的基本原理也是如此，但打铲钩拳时肘部很少有打开的倾向。

如今，业余和职业拳台上挤满了“俱乐部式拳手”，他们的钩拳打得毫无章法。在这类人中，具有爆炸力的拳手极为罕见，因为俱乐部式拳手钩拳幅度非常大，如同摆拳一样。此外，大多数俱乐部式拳手很容易被击中，因为：**当你的肘部打开幅度过大时，你也开放了自己的防御**。

让我们试试外围钩拳。

站在地板中央，双脚开立，左右齐平站好。肘部抬起，与肩膀齐平，双手半握拳靠近身体内侧，掌心向下，拇指关节贴靠在胸口上，双拳应互相靠近，但又没有完全接触上。（图 36）以此姿势轻松地转动肩膀，一侧肘部与肩膀向后摆动时，另一侧随之向前。保持拇指关节轻轻贴在胸口

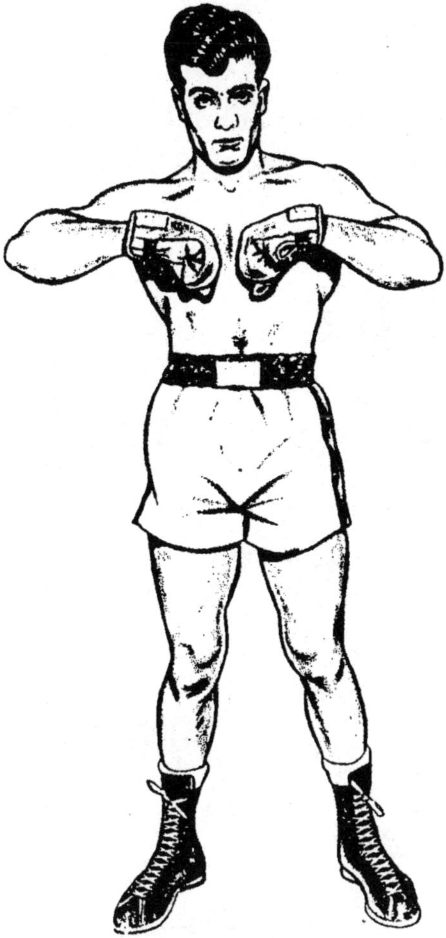

图 36

部位。现在，继续转肩练习。当任意一侧的肘部向前摆动时，试着用肘尖猛地击打想象中的目标，高度与下巴齐平。当你以肘尖击中想象中的目标时，同一侧的拳头用力握紧，但该拳头的拇指关节仍轻轻贴在胸口。

接下来，走到沙袋前面。以同样的姿势站好，但距离沙袋要足够近，这样你就可以用肘尖去撞击它。（图 37）以两个肘尖猛地撞击沙袋 6 次。然后，当你的左肘尖准备

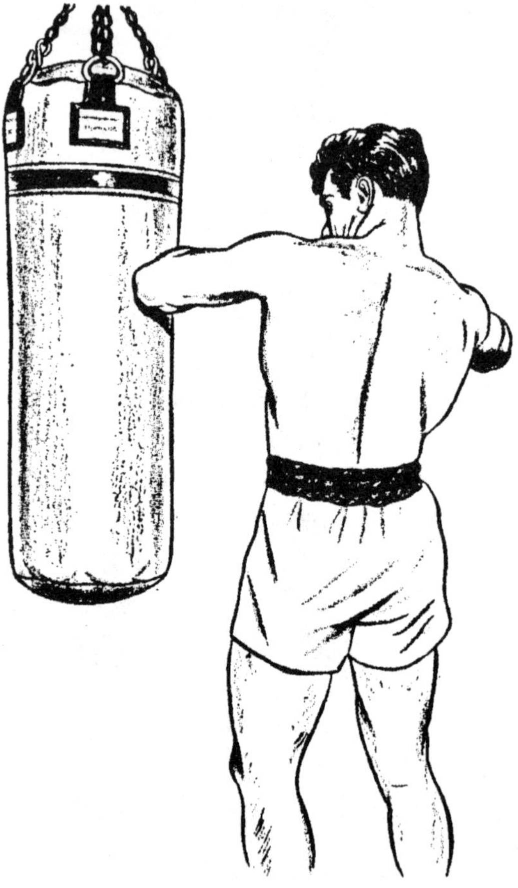

图 37

第 7 次转动去撞击沙袋时，将左拳拉离身体，砸向沙袋，落点与刚才以肘尖撞击的落点相同。（图 38）拳头砸到沙袋上，拳心向下，以惯用的第二指节在沙袋上“引爆”。之后，左侧身体向后转动，以右拳做同样的击打动作。

图 38

多练习几次拳面的接触。确保每次钩打时动作足够紧凑，就好像你的拳头仍贴在胸口上一样，打出的每一拳都要有相当的爆炸性。当你从一侧转向另一侧时，旁观者可能觉得你只是在那里晃悠。但是，兄弟，你不是在晃悠，你是在掷出完美的击打动作。如果拳头刚好落在对手下颌的一侧，任意一拳都能把他打挺了。

这种钩打方式将是你在近身肉搏时的攻击利器。将身体前弓得低一些，你就可以很好地用钩拳去攻击对手的身体，同样是以掌心向下的姿势接触目标。反复练习几次针对对手身体的钩拳。

你已经能够从理想的钩拳站位打出（针对对手头部或身体的）外围钩拳了。你的双脚站在一条直线上，可以让每一拳有充分的转体幅度，而且你距离目标足够近，能够轻松地保持动作的紧凑。但是，当你转换至其他站位时，你会立刻面临一个问题——如何保证出拳的完整性。正因为钩拳的实用价值非常高，所以你必须能够在其他站位上使用它们，不能仅局限于理想的站姿。

持常规的拳架姿势站立时，若右手能在后方防护得当，左手外围钩拳会是非常有用的首发击打动作。当你的对手准备打右直拳时，你也可以用左手外围钩拳进行反击，抢先击中对手。然而，在不做任何预兆动作的前提下，你很难为左手外围钩拳贯入足够的力量，所以螺旋钩拳（corkscrew）适时登场了。已故的中量级拳王——狡猾的基德·麦科伊就是以左螺旋钩拳而闻名拳坛。

在沙袋上试试螺旋钩拳。以常规姿势站好，按以下动作慢慢体会：开始转肩，就好像你要打出一记中距离的左刺拳一样，不要有任何准备动作。然而，你并不是要打刺拳，而是要猛地翻转左前臂，使左肘朝上，你的左拳会突然螺旋向下，拳峰正好砸到目标上。当你的拳头在目标上“引爆”时，前臂几乎与地面平行。（图 39）当你初次尝试

A

图39

螺旋钩拳时，你的一系列动作看上去既愚蠢又无用，乍一看像是失败了，不过，只要稍加练习，你就可以掌握这一技术。

让我继续帮你提高对螺旋钩拳的认识。我必须承认，左螺旋钩拳通常用于中距离击打，而且总是在你向对手右侧环绕移动时打出。正是基于这一点，你几乎不可能从理想站位打出像钩拳一样完整、紧凑的左螺旋钩拳。然而，左螺旋钩拳的爆炸性力量足以将对手击晕，或至少让他无法再次出拳。此外，如果你能在没有任何预兆的前提下随时打出强有力的左螺旋钩拳，那么你的对手如果再想用他的右手对你造成威胁就得格外小心。记住，当你在常规站位时，你的左手距离对手的头部比他的右手距离你的头部要近得多。当他试图打出右直拳时，你可以用左螺旋钩拳抢先击中对手。此外，如果他将处于防护位置的右手向前移动，试图阻挡或拍开你的左刺拳，你可以突然向下翻转拳头，绕开他用来防护的右手，以左螺旋钩拳打中他的下颌。

那么，左螺旋钩拳可以用来击打对手的身体吗？

答案是肯定的，左螺旋钩拳能够有效地用于攻击对手右侧的肾脏及肝脏部位。当然，最好是先佯攻对手的头部，诱使其用于防护的右手抬高，然后你就可以将左螺旋钩拳用于先导攻击。对手右直拳打来，你侧闪来拳的同时，以左螺旋钩拳反击对手的身体（后面我会解释“侧闪”）。我要提醒你一点，直接以左螺旋钩拳先去攻击对手的身体是很危险的，因为你的身体左侧向右敞开，这时你的头部处在容易被对手左钩拳反击打中的位置。

可以用右手打螺旋钩拳吗?

只有一种情况可以正确使用右螺旋钩拳来攻击对手头部——当你用右前臂阻挡住对手的左钩拳之后，用右螺旋钩拳进行反击。在阻挡完成的瞬间，右拳突然转动向下，以螺旋钩拳击打对手的左下颌骨。（图 40）当你侧闪开对手的左刺拳时，也可以用右螺旋钩拳攻击对手的身体。

到目前为止，我们只讨论了在脚步不动的情形下如何打出钩拳——包括铲钩拳和外围钩拳，因为在非移动状态下打出的钩拳更完整，也更具爆炸性。然而，大约有 1/3 的钩拳仍需要借助前移的步法将目标带进钩拳的击打范围才能打出。

始终试着以迈步直拳去击打远距离的目标（对方的身体或头部）。如果你的对手对你发起的直线攻击进行阻挡、躲避或反击，你可以换成远距离钩拳去打开局面。如有必要，可以配合步法使用任何类型的钩拳。

你可能会频繁使用踏步的方式打出左螺旋钩拳，但是，当你这样做时，并不能使用直线向前的坠步，相反，你会以“轴转步”的方式移动。左脚向左前方移动一小步，脚尖突然指向内侧。左臂和拳头突然向下打向目标时，身体以左脚掌为轴心转动。拳头接触目标的瞬间，右脚通常

A

图 40

会暂时处于悬空状态，但立刻会在你的身后着地。（图 41）

如果对手的左钩拳正好处于肘部打开或半抡臂状态，你可以移向其左钩拳内侧，以右铲钩拳攻击其下巴或身体。反之，你也可以移向其右钩拳内侧，打出左铲钩拳。

图 41

通常情况下，你在侧闪对手的直拳时，可以上步潜身，以螺旋钩拳攻击其身体。无论何时，只要你意识到对手有空当可以攻击，直接上步打出钩拳即可，但是**不能让你的移步导致钩拳幅度过大而退变成摆拳或抡拳**。一旦你上步打出钩拳——无论是否奏效，立即发动一连串的钩拳组合。你只需要朝着对手的身体或头部不断开火，尽量在最短的时间内打出尽可能多的令人头晕目眩的钩拳。火力可以根据对手防护的高低变化随意在其身体和头部之间切换。

这是完全不同的组合技术。此前已经练习过很多次组合技术，它包括 3~6 次的击打，每一拳都指向同一个特定的目标，先试着让每一拳找准目标，再以最快的速度把组合动作打完。然而，现在这个组合的重点是钩拳，要击打不同的目标，这会让你的对手感到困惑，从而暴露出可以被你一击致命的目标。

例如，一个组合由 5 个动作构成，最终目标是以一记紧凑的外围钩拳击中对手的下巴而获胜。其组合动作的先后顺序设计如下：① 侧闪至对手左刺拳下方，以右螺旋钩拳砸向他的太阳神经丛（心窝），紧接着打出一系列外围钩拳；② 以左钩拳击打其下巴；③ 以右钩拳击打其下巴；④ 以左钩拳击打其右肾；⑤ 以右钩拳击打其下颌，完美结束。有时可以在不破坏击打节奏的情况下将铲钩拳和外围钩拳混合起来。

在我结束钩拳的讲解之前，我要告诉你一种有趣的出拳方式，它被称为“偷袭”（sneaker）。这是一种当你与对手突然从搂抱状态分开时，你以抬手过肩的右钩拳击打对手头部的攻击方式。在拳击比赛中，当裁判告诉你要分开时，你使用这种击打方式或者有其他任何击打动作都是犯规的，但你可以在裁判下令分开之前使用它，比如，当你自己要分开时。但是，在打拳架时，只要逮着机会你就可以用它。

当你与对手处于搂抱状态，双手没有击打的空间时，你可以这样做：① 把头部靠近对手头部左侧，下巴略高于他的肩膀；② 移动左手，直至你能抓住他的右肘内侧，牢牢控制他的右臂，让他无法出拳；③ 将他的左臂放在你的右臂下方，用你的右手抵在他左臂的肱二头肌下面——刚好是肘关节上方。（图 42）

当你以这种方式控制他时，他无法打到你，但你却处在最佳位置，可以突然挣脱，并打出令人意外的抬手过肩式偷袭钩拳。

突然用右手猛地把对手拽向你，再用双手用力把他推开，紧接着——几乎是一气呵成——用右手的外围钩拳越过他的肩膀向下打去，将拳峰砸到他的左下颌骨或左太阳穴上。（图 43）

如果钩拳偷袭成功，你的对手会像被斧头砍中的小公牛一样倒下去。即便他还能站立，也会感到昏昏沉沉，此时，再以一两记铲钩拳砸到他下巴上就能把他放倒。反复练习偷袭钩拳，直到你能不假思索地打出来。这种拳之所以被称为偷袭钩拳，是因为它是在你和对手刚分开时打出来的，对手完全没有预料到就已经失去了平衡。

偷袭钩拳的突发性和爆炸性使它成为最致命的打击方式之一。

图 42

图 43

17 UPPERCUTS 上钩拳

上钩拳是（沿着从地板发出的一条虚拟射线）直接向上击打的一种出拳方式，其攻击目标是对手的太阳神经丛（心窝）或下巴。（图 44）

由于上钩拳的攻击路线直接向上，所以对手很难阻挡或躲开。一般的防护拳架可以用来应对其他类型的击打，但上钩拳可以自下向上直接打入——能够突破对方用以防护的肘部、前臂及手掌。上钩拳的击打方向与铲钩拳不同。铲钩拳的路线是侧向推动和向上，而上钩拳没有侧向推动，它是直接向上打出。

这两种击打方式有一个重要的区别。所有铲钩拳在击打时都伴随一个向上的挺髋动作，然而，**上钩拳在手臂做出击打动作的同时，髋部会转开或退让至一侧**（图 45），

图 44

图 45

这是为了给拳头和手臂向上击打留出空间。髋部向一侧转开，有点像一个人在打高尔夫时的髋部动作，而体重上提的状态与完成一记挥杆动作时的身体状态有些相似。

通过尝试下列动作，你会对髋部挪动和体重上提有所理解。

面对重沙袋，在距离其 45 厘米处以双脚左右开立的姿势站好，双脚间隔大约 45 厘米，两脚尖置于同一水平线上。膝盖微微弯曲。身体略弯，稍向前倾。体重均匀地分布在两只脚上，上下晃动，以确保你处于舒适、平衡的状态。将手掌张开，抵于髋部两侧。轻松地将重心转移至左腿，髋部也随之轻松地向左摆动。（图 46）保持慢动作，

图 46

将重心摆向右腿。当你的左髋向右侧退让时，左手自髋部滑动向前，握拳轻松地打在沙袋上，高度与太阳神经丛（心窝）齐平，拳心朝上。（图 47）将重心移回左腿，右手握拳以同样方式的击打。（图 48）不要试图在出拳时贯入任何力量，保持髋部摆动，对准沙袋上与你的太阳神经丛（心窝）同高的目标滑动打出，直至你能有节奏地完成动作。

图 47

图 48

确保拳头滑动直接打向目标；确保每次出拳时髋部退让得足够远，避免出击手臂的肘部与之接触。

以上是上钩拳的基本动作。当你尝试将“炸药”注入击打动作之前，必须确保该动作是轻松且自动完成的，因为上钩拳接下来的部分刚开始练时，看上去会显得异常笨拙。接下来，我们试试这些笨拙的动作。

在沙袋前以两脚齐平的姿势站好。左手张开，抵于左髋处。右手抬起，置于正常防护位置。膝盖微微弯曲，重心移至左脚，此时，你的右脚掌会稍事休息。（图 49）突

图 49

然将重心移向右脚，要尽可能迅猛，右脚跟会砰的一声落在地面上。与此同时，用力向上扭转右肩和右臂，将先前置于防护位置的右手摆至后脑附近。当左髋向右侧退让时，将左拳以巨大的冲击力打在沙袋上，高度与太阳神经丛（心窝）齐平。（图 50）当拳头接触目标时，重心应稳定地

图 50

放置于右脚上，换成左脚掌轻轻接触地面。很自然地，你的髋部也会随之向右侧大幅度摆动。

接下来，试着打出右上钩拳。在你出拳之前，重心牢牢地放置在右脚上，右手张开，抵于右髋处。左手抬起，置于正常防护位置。当重心突然向左摆动时，猛地向上、向后扭转左肩和左臂，将先前置于防护位置的左手摆至后脑附近。与此同时，你的右拳会爆炸般地直接打向沙袋上与你的太阳神经丛（心窝）同高的位置。当你初次尝试将上钩拳的动作组合到一起时，你可能会觉得动作朝向并不一致。打左上钩拳时，重心向右脚转换，体重随之向右移动，而右肩向后扭动会突然将体重拉向不同的方向。在你将所有动作整合成一个组合之前，你会一直有这种感觉。在左钩拳中，你将会：① 左脚启动发力；② 突然将重心移到右脚上，如同将重物抛落在跷跷板的末端，这会让你的左侧身体因左脚的弹簧式发力而产生一个急剧向上的力量；③ 通过右肩向后扭转，使这个动作更加急剧，从而为击打调动进来更多的体重，贯入更大的力量。

由于右肩会向后拉动，正好位于左侧臀部的上方，因此身体急剧上提的方向几乎是垂直向上的。在你初次练习上钩拳时，我特意夸大了肩膀向后转动的幅度，并让你挺直身体，让防护手抛离了头部。很显然，你在格斗中不能这么做，这会让头部空当大开，很容易被反击。

现在，试着像刚才一样用力地打出上钩拳，但不要挺

直身体，并且在任何情况下都不要让你的防护手离开正常防护位置。（图 51）

使用上钩拳攻击对手的下巴时，你的身体自然会比攻击其太阳神经丛（心窝）时要略微直立一些。攻击对手下巴的动作与攻击其太阳神经丛（心窝）的动作完全相同。（图 52）

图 51

图 52

此前，你一直练习的动作是先将手放在髋部，再滑动打出来。现在，双脚仍然处于同一条水平线上，将双手置于常规拳架位置，让每只手在打出时自动下落到正确的打击路线上。以此姿势反复练习几次。

接下来，试着以常规的拳架姿势打出上钩拳，你会发现从常规姿势打出的左上钩拳很难具备更大的力量。此时，你的右脚在后，髋部摆动会使你的体重向后移动。**因此，左上钩拳应该在双脚齐平或接近齐平状态下使用**。然而，以常规拳架姿势打出的右上钩拳会比以双脚齐平的姿势打出的更具有爆炸性。右脚弹簧式蹬地发力和左肩扭转可具备更大的自由度，这使得身体能够更快地上提，尽管事实上，体重从右脚到左脚的转换并没有双脚齐平时那么明显。（图 53）

上钩拳特别适用于近距离攻击对手，他或许能够阻挡你向其身体或头部打出的各种钩拳，当你以钩拳击打其头部时，他也能自如摇闪，但上钩拳可以突破他所建立的钩拳防线，在其内围“引爆”。上钩拳可以直接打向摇闪者的面部。

虽然大多数上钩拳是在近距离攻击范围内打出的，无须移动双脚，不需要借助步法，但右上钩拳是个例外，它在有效使用时可以结合短步幅的移动。借助步法主动打出上钩拳会让屈身防御者或摇闪者挺直身体。在面对对手的钩拳或摆拳攻击时，也可以借助步法使用上钩拳在内围发起反击。然而，上钩拳绝对不适用于远距离作战——它无法借助步幅较长的移动方式，它并非远距离攻击武器。若强行在远距离使用，则会丧失该动作的完整性，并导致自

图 53

己空门大开。

当前有一些拳手试图把远距离使用的右上钩拳称为"弯刀拳"（bolo），他们甚至试图以此先行发起攻击。我要警告你，弯刀拳是一种花哨的打法，而不是爆炸性的攻击。相比对手而言，弯刀拳的使用者的处境更危险。弯刀拳或者任何一种远距离的上钩拳，都只不过是一种不太高明的摆拳罢了。你要知道，当你与一位擅长直拳的拳手对战时，使用任何类型的摆拳都无异于送死。

18

PUNCH RANKS FIRST

优先学习出拳

现在，你已经对出拳有了一个全面的了解。为什么我在教授防守技术之前，先要对击打的基本原理进行如此详细的讲解呢?

我这么做的原因有很多，最主要的一点是：格斗中最好的防守是带有侵略性的防守。每一个防守动作都必须伴随着或紧跟着一记反击。如果不知道如何出拳，你就不能正确地发起反击。

这并不意味着“强有力的进攻就是最好的防守”。这句被滥用的话可能适用于其他活动，但对格斗并不适合，尤其是当你面对经验丰富的对手时。你可能拥有世界上最好的攻击武器，但如果你的目标是暴露在外面的——如同飞靶一样，你很可能会被有经验的拳手率先击败。

要想成为一名技术全面的拳手，你必须具备良好的防守技术，而最好的防守是带有侵略性的防守。

优先教授出拳的另一个原因是：即使对手没有率先攻击的企图，你也知道如何把握时机，打出关键的一拳。

那些试图将出拳动作和防守技术同时教授给初学者的做法，我确信他们是错误的。大多数人不可能对一种情形同时具备两种反应。同理，一位初学者也不可能对格斗持有两种态度。如果你找来10位初学者，同时教授他们出拳动作和防守技术，那么会有超过半数的人专注于防守而忽略了出拳。

这是一种很自然的倾向，没有人会喜欢被打——无论是面部还是身体——人的天性如此。因此，超过半数的初学者会认为保护自己的鼻子免受伤害远比集中精力学习如何攻击别人的鼻子更为重要。他们会发展出各种复杂的防守体系，并始终依赖它们。热衷于防守的人很少能成长为优秀的拳手。即使掌握了正确出拳的技术，他们也会下意识地集中精力做出阻挡、拍击、后退之类的动作，这些都是在学拳过程中养成的坏习惯。他们出拳后把手臂拉回，打直拳时侧向移步，近距离时总想把对手紧紧抱住，他们使用许多花哨但毫无目的的步法。

俗话说："千里之堤，溃于蚁穴。"你很幸运，初上手我就一直在跟你强调出拳的重要性。这种态度一旦建立起来，其改变的可能性仅有1%。的确，你从未用拳头击打过活生生的目标——另一个人，但别担心，我们有足够的时间来做这件事。当你开始面对一个活生生的目标时，你就会清楚地知道如何把拳头掷出去了。正确的知识将会帮助你在面对移动的目标时，让你的动作更加精准、严谨，更具有爆炸性。

YOUR SPARMATE

19 陪　练

在正式学习侵略性防守技术之前，你必须先找到一个陪练—— 一个能够出拳揍你的家伙，不过他很快会成为你反击的目标。

关于这种训练方式，我要先给你一点建议。在本书的开篇部分我曾提到过，这本书是写给那些 12~40 岁的健康读者的——他们想要学习如何用拳头来保护自己。每一位身体健全且没有处在医生护理之下的人都会认为自己是健康的，这显而易见。不过，为了确保你的身体状况能够适应对抗训练的需要，我建议你去找医生检查一下。检查的目的是看看你的心肺功能是否能够经受一定程度的剧烈运动。在得到医生的许可后，你才能继续做接下来的练习。

如果你选择的训练场地是在拳馆内，那么你很快就能找到一位可以和你进行对抗训练的人。尽管我使用了“对抗训练”这个词，但在刚开始的 8~10 次训练中，你与陪练并不会真正地进行对抗。

每次训练的前半部分针对活动目标进行强化击打练习，后半部分专门用于防守训练。至少在前 10 次训练中，都要遵循这一安排。如果你在熟练掌握防守技术和反击动作之前过早地尝试对抗训练，你很可能会有一些粗心大意的举动，进而会养成不好的习惯。

当你和陪练开始进行防守反击训练时，每次全速攻防转换之前，先做几次慢动作。如果陪练和你体重差不多，那再好不过了，尽管这一点在练习初期并不是很重要。然而，当你接下来与其真正对抗时，必须确保你们的体重在同一个级别上。如果你的体重低于 80 公斤，千万不要和比你重 10 公斤以上的对手进行对抗训练，即使他可能是初学者。

如果你的官方体重超过了 80 公斤，尽量将陪练的体重优势控制在 15 公斤以内。

在技术训练和对抗训练中，你和陪练都必须使用较大的拳击手套——通常是 12 盎司（340 克）或 14 盎司（397 克）。在你成为一名经验丰富的拳手之前，不要因任何人的怂恿而在训练或业余拳赛中使用 8 盎司（227 克）的拳套或在专业拳赛中使用 5~6 盎司（142~170 克）的拳套。基本上你可以在任何一家拳馆或体育用品专卖店内买到较大的拳套。

在技术训练或对抗训练初期，没必要使用绷带。除非你认识一流的教练，他能够清晰地告诉你如何缠绷带，否则忘了绷带和胶带这回事儿吧！若绷带缠得不合理，你的拳头会比裸拳更容易受伤。

为了防止因出拳过低或膝盖抬高而导致意外受伤，你应该戴上由坚韧的纤维、皮革或塑胶制成的最新款护裆。护裆可以在体育用品商店买到。

当你准备去正式参加业余比赛时，你才需要考虑佩戴头盔和护齿的问题。

如果可以的话，请穿上普通的拳击裤和软皮的拳击靴。如果没有，可用旧裤子和网球鞋或篮球鞋代替。一定要穿上运动鞋，绝不能穿拖鞋，因为运动鞋的鞋帮部位的设计会保护踝关节，可让你避免扭伤。你可以穿拳击短裤，也可以穿日常长裤；如果你觉得冷，可以穿上一件短袖衫。如果有必要，你甚至可以穿着便服在大街上进行技术训练和对抗训练，但一定要确保你和陪练都戴着较大的拳套。

现在，你有了陪练和拳套，我们开始正式学习防守技术。

20 GENERAL DEFENCE AND BLOCKING 常规防守与阻挡

仅就学拳目的而言，防守意味着防止被对手掷出来的拳头砸到，以及用拳头进行反击。

对手会以任意一只手朝着你的头部和身体进行击打，可能是摆拳、钩拳、上钩拳或直拳。有 3 种方法可以防止你被砸到：① **完全躲闪**，即通过侧闪、摇闪、后仰闪以及侧步等动作躲避来拳；② 以手掌拍击（拨开）、前臂格挡以及肩膀耸起等方式使来拳方向**发生偏转**；③ 用手掌、前臂、肘部或肩膀坚实地**阻挡**来拳。

以上 3 种方法中，首选是躲闪。当你凭借躲闪让对手来拳落空时，他通常会突然失去平衡，你就有了反击的机会。此外，由于他并没有打到你，所以你在反击时仍是处于平衡状态。

其次是让对手来拳方向发生偏转。你的拍击、格挡以及耸肩等动作，会让你的对手失去平衡，而不会破坏你自身的平衡。

最后，阻挡是最不理想的防守方法。因为坚实的阻挡不仅会破坏你自身的平衡，还可能会让你与对手拳头相接处的阻挡部位受伤。同一部位反复碰撞会妨碍你的格斗表现，比如左肩肌肉。然而，你**必须先学会阻挡**。对于初学者来说，阻挡要比改变来拳方向或躲闪容易得多。

我们先从阻挡打向头部的刺拳开始学起。

张开右手，阻挡对方的左刺拳。（图 54）面对陪练，

图 54

以常规拳架姿势站立。让他以慢动作向你打出左刺拳。你的右手应微微向内闪，以手掌张开的姿态接住陪练打来的拳头，尽量以掌心去接触。（图 55）务必确保阻挡动作足够稳定，这样陪练的刺拳就不会迫使你的手掌弹到自己脸上。

图 55

当你在阻挡来拳时，要始终睁着眼睛。无论是遭遇攻击还是发起攻击，永远不要闭眼。眼睛盯住他的左拳。一旦你养成了观察来拳的习惯，你会发现，即使你的眼神只是聚焦在当下对你有威胁的那记拳头上，眼角余光也会留意到对手的每个动作。

以慢动作反复阻挡几次之后，让陪练尝试加快左刺拳打出的速度。你在阻挡时，要确保拳架姿势没有发生改变，也没有试图向后移动或因刺拳的力量而向后缩手。

接下来，你既要阻挡陪练打来的左刺拳，又要同时发起反击。仔细观察陪练的动作，当他开始向你打出左刺拳时，你用右手阻挡来拳的同时，以左刺拳攻击其面部。（图56）左刺拳的反击务求又快又狠，如此你才能抢在他前面。正因为你把陪练的拳挡住了，所以你的左拳在砸中他时，才会令他失去平衡。理想的情况是在他的拳头接触你手掌的瞬间砸中他。如此一来，你会给他的下巴带来剧烈的冲击：① 你向前移动的体重；② 他向前移动的体重。这是大多数反击能够奏效的原因所在：引他进来，不仅用你的体重打他，还要借助他的体重，两相撞击之下会给他以致命的打击。

反复练习这一基本的阻挡反击动作，直到你能自如、有力且精确地完成为止。确保你在打出左拳时配合使用坠步，并且是拳面直立接触目标。

之后，你先打出左拳，让陪练试着阻挡并以左拳进行

图 56

反击。此时，你用以警戒的右手必须能够阻挡住他左拳的反击，就像之前阻挡他先打出的左刺拳一样。如果你先打出的左拳速度够快、力量够大，足以使陪练失去平衡，尽管他有阻挡动作，他的左拳反击也会缺乏力度，甚至他可能无法发起反击。

一些擅长防守的拳手会使用撞击式阻挡（bump block）来应对对手先打过来的左拳。右手阻挡时向上移动，以掌根撞击对手的左拳并将其引向自己的头部或肩膀上方。然而，对我们来说，这种方式太过花哨，也太过危险了。如果与你对战的人打出左拳的速度足够快，甚至快过你左拳反击的速度，那么你能正常阻挡住就已经很不错了，如果这时你的右手做出一个花哨的动作，对手很可能会一拳直接打到你的脸上。

面对直接打向头部的右直拳可以用以下 2 种方式进行阻挡：① 左手伸出；② 左肩耸起。

当你以常规拳架姿势站立时，如果对手向你直接打来一记右直拳，你可将左手伸出进行阻挡。让陪练以慢动作直接向你打出右直拳，在他的右手尚未完全打出之际，你将左手张开并伸出，以掌根部位去阻挡或压制（smother）他的拳头（图 57）；同时，以右直拳击打其下巴（图 58）。当你以非常规拳架姿势站立时（例如，你放低左手佯攻对手身体），若对手向你打出右直拳，你必须要以左肩去阻挡，快速扭转并耸起左侧肩膀贴靠下巴进行防护。此时，被打中的是你的肩膀，而不是你的脸。（图 59）

你会忍不住地想用右手帮助左肩进行阻挡，甚至可能会尝试以肩膀和手共同进行盾形防守（shell defense），但请不要这样做。你必须将右手始终放在防护位置，准备抵挡可能会随之而来的左钩拳；或者抛出一记右直拳砸向对

图 57

图 58

图 59

手的太阳神经丛（心窝）或下巴。

以肘部阻挡对手打向你身体的直拳。为了阻挡打向你身体的左直拳，你需稍向左侧转动身体，以右肘接住来拳（图 60）；反之，则身体稍向右转，以左肘接住打向身体的

图 60

右直拳（图 61）。用肘部保护身体免受打击，不要用前臂，可让双手保持在正常出拳和防护的位置。阻挡住对手的左直拳后，你可以用左铲钩拳反击对手的下巴（图 62）；阻

图 61

图 62

挡住对手的右直拳后，你可以用右铲钩拳或右上钩拳反击对手的下巴（图 63）。

阻挡钩拳和摆拳。当对手以左钩拳或左摆拳攻击你

图 63

的头部时，你可用右前臂进行阻挡，也可用张开并固定住的右手进行阻挡，阻挡所用的部位是手臂或手掌的外沿。对手攻击的路线越长、幅度越大，越容易阻挡。如果对手先用左摆拳或左钩拳攻击你的头部，你可用右前臂或手掌进行阻挡，同时以左刺拳反击其下巴。（图 64）如果对手是在近距离以紧凑的左钩拳发起攻击，你完成阻挡时，需以左铲钩拳反击其下巴。（图 65）

当对手以右钩拳或右摆拳攻击你的头部时，你可用左

图 64

图 65

前臂、左手或左肩进行阻挡。与对手的距离较远时，你可用右直拳反击其下颌；与对手的距离较近时，反击方式可换成右铲钩拳或上钩拳。

以肘部阻挡打向你身体的钩拳，要让双手保持在出拳位置，然后可用铲钩拳或上钩拳反击对手的下巴。

阻挡打向你头部或身体的上钩拳，则需要你将前臂或手掌下放，抵住对手打出的拳头或前臂，然后可用普通的外围钩拳或抬手过肩式的偷袭钩拳进行反击。（图 66）

图 66

DEFLECTION

21 方向偏转

使来拳方向发生偏转主要通过以下 2 种方式来实现：① 拍击；② 格挡。

拍击主要用于防御针对头部或身体打出的直拳。让陪练对着你的头部打出一记左刺拳，你右手张开，向内侧轻捷地拍击他的手腕，迫使来拳从你的左肩掠过。（图 67）拍击或拨开的动作并不需要太大的力气，也不会影响你的平衡。不过，出拳方向的偏转会让你的陪练失去平衡并露出空当，你可用左铲钩拳反击其太阳神经丛（心窝）或心脏部位。接下来，让陪练对着你的头部打出一记右直拳，你左手张开轻拍他的手腕，使其右拳从你的右肩掠过，或者偏向肩膀右侧（图 68），同时以右直拳或右外围钩拳反击其身体。

图 67

图 68

针对头部击打的拍击只能在上述情况下使用。不要试图以交叉拍击的方式去应对头部的击打。譬如伸右手去拍击对手打来的右直拳，或伸出左手去拍击对手打来的左刺拳。当你这么做时，你拍击手臂的那一侧会露出空当。

一些拳手试图自内向外拍击打向他们头部的直拳。他们用右手腕将对手打出的左刺拳带向右肩上方，这可以做到，但以这种方式应对一位拳速较快的拳手就会很危险。首先，防护手所在的位置并不适合向外侧引带来拳，这一拳很可能防不住；其次，由于自内向外引带来拳的动作会让你的大拇指向上突起，所以大拇指有骨折的风险。

如果你想做向外的动作，最好的选择是用手掌或前臂的外侧边缘向外翻转，以手刀或用力劈砍的形式进行格挡，使对手的击打方向发生偏转，而不是以手背去引带来拳。

面对打向身体的直拳，你可以用拍击的方式将其自内向外拨开。让陪练一记左直拳打向你的身体，你用右手和前臂旋转向下，并由内向外运动，将其手腕拨至你的右侧（图 69），同时以左铲钩拳击打其下颌。当陪练以右直拳打向你的身体时，你以左手和前臂旋转向下，由内向外将其手腕拨至你的左侧（图 70），同时以右铲钩拳或右上钩拳击打其下颌。

在使对手攻击方向发生偏转方面，格挡甚至比拍击更为重要。你处于防护位置的双手及手臂连同常规拳架姿势中略微耸起的左肩，让你的上半身像楔子一样。手掌、手

图 69

图 70

臂、肩膀和额头形成的“楔子”应该能够让你：① 在上步攻击或反击时，始终处于对手攻击的内围；② 将大多数攻击拨挡至你的两侧或头部上方。

由于格挡技术的结构较为稳固，所以相比拍击而言，格挡更加可靠。如有必要，在防守时可优先使用格挡。只有当格挡转变成阻挡时，它才会长时间固定在那儿。无论如何，格挡动作固定在那儿的时间越短，你自身平衡受到的冲击也会越少。格挡时，手掌或前臂的劈开动作并不是固定在那儿，而是如同雷电或挥刀一样快速。该动作对你的平衡影响很小，却会让对手稍稍偏离拳架姿势。

如果你去看一位职业拳手打梨形速度球，你会注意到他有一半以上的动作是以一种节奏来完成的：左直拳——左拳反手打——右直拳——右拳反手打——左直拳——左拳反手打……如此往复。你可能会问：“既然反手打在拳击比赛中是犯规动作，为什么他还要这么练呢？”

答案是：他练习反手动作是为格挡和阻挡而服务的。如果你有机会使用这种梨形速度球，请把一半的时间用来练习这一既定的击打方式。对一位拳手来说，格挡或阻挡时的一记强有力的反手动作，其效果几乎等同于网球选手的一记出色的反手打。

格挡直接打来的左拳。如果对手直接以左刺拳攻击你，那么试图将来拳向外格挡是极为困难且危险的。此时，以右手掌去阻挡是更为保险的防守方式，即便是拍击也会比格挡可靠得多。然而，如果对方的左刺拳有轻微的角度变化或以弧线打出（大多数情况下），格挡就能用得上了。你可用右手或右前臂的一侧向外格挡，切断其左刺拳。（图71）记住：应对左刺拳时，无论你是阻挡，还是格挡，都必须同时以左直拳发起反击。

以左手或左前臂向外格挡对手直接打来的右拳（图72），这是一种很好的防守方式，因为你置于防护位置的左手正好处在他右拳的内侧。他在掷出右拳时身体会轻微地扭转，这时，你的“刀沿”部位最好去接触他的手腕或前臂，而不能是他的拳头。现在，你可以练习格挡陪练先打来的右拳，并上步以自己的右拳对准其面部或心脏进行

图 71

图 72

反击。

请注意，当你自己企图直接打出右拳时，你的左手和手臂应处于格挡位置，以切断对手右拳反击的可能性。

虽然在应对略呈弧线形打出的直拳时格挡能起到很好的防护作用，但它不应该用于抵挡摆拳或钩拳。如果你无法躲开摆拳或钩拳，阻挡将是不得不采用的防护措施。接下来，你将学习躲闪技术。

EVASION

22 躲闪

躲闪是一种在与对手不发生任何肢体接触的情况下使对手来拳落空的防守方法。

由于躲闪能使对手失去平衡，并且对你的平衡毫无影响，所以它是众多防守方法的首选。它会让对手暴露出空当，同时你的双手能够自由地活动，并进行反击。躲闪主要通过以下方式来实现：① 侧闪；② 摇闪；③ 步法移动；④ 后仰闪（拉开距离）。

侧闪是当对手向你的头部打来直拳时，你将头部移向来拳的任意一侧，使来拳从你肩膀上方掠过的一种躲闪方式。为了理解侧闪的原理，请尝试以下实验。以常规拳架姿势站好，让陪练对准你的下巴以非常慢的动作打出一记左直拳。不要试图去阻挡或拍击来拳，也不要改变双手的位置，只是尽可能地将头部向右侧倾斜，试着让他的左拳自你的左肩上方掠过。很难成功躲开，对吗？

如果有人能够在不借助肩膀或身体移动的情况下仅凭借简单的头部倾斜来实现躲闪，那么他就完成了一次完美的侧闪。然而，不幸的是，当对手以直拳攻击你的下颌时，由于人体构造的特性，即使你的头部向右倾斜，你的左侧颈部和左下颌也有可能被击中。当你试图将头部向左侧倾斜让来拳自你右肩上方掠过时，你会发现（在常规拳架下），由于左肩处于防护状态，你的头部根本没有移动的空间。

因此，头部在侧闪来拳时必须得到其他部位的协助，这一协助主要是指肩膀的转动。事实上，肩膀转动能够完成所有头部需要做的动作，你甚至不需要再稍倾头部。这是非常有利的，因为你在倾斜头部时，会发现自己的眼睛很难持续盯着对手。此外，头部倾斜会立刻改变头部和颈部之间的角度，并使颈部紧张加剧，从而影响你在常规拳架下的出拳表现。

让我们开始练习侧闪吧！

让陪练以慢动作朝你打出一记左刺拳。当拳打来时，你的左肩向前、向下转动，就好像你要将一记左手螺旋钩拳掷到他身体上一样。（图 73）当你成功向对手手臂外侧闪开时，其左拳将从你左肩上方掠过，你会毫发无损。反复练习侧闪 10~20 次，不要试图反击。当你习惯侧闪之后，可以让陪练加快打出刺拳的速度。

图 73

接下来，试着用侧闪让其左刺拳从你右肩上方掠过。当你向对方手臂内侧闪动时，右肩以同样的方式向前、向下转动。（图 74）反复练习 10~20 次。

现在，针对左刺拳完成侧闪的同时，你要准备进行反击了。回到左肩（外侧）侧闪上来。在每一次侧闪时，跟进打出一记左螺旋钩拳攻击对手身体。（图 75）反复尝试几次侧闪反击，确保你在侧闪启动时能够同步打出螺旋钩拳。然后回到右肩（内侧）侧闪上来，并以右螺旋钩拳反击对手身体。（图 76）

图 74

图 75

图 76

以侧闪的方式应对左刺拳时，如反击手段是以螺旋钩拳攻击对手的身体，则肩膀需要做较大幅度的向下转动；如反击手段是以右交叉拳（right cross）攻击对手的头部，则肩膀向下转动的幅度应该小一些。

所有反击拳法中最致命的是**右交叉拳**。当一位惯用左刺拳的拳手打出左刺拳，却由于粗心大意而忘记提起左肩防护下巴时，就是右交叉拳最佳的打入时机。试着按以下方式练习右交叉拳：让陪练朝着你的面部以慢动作打出一记左刺拳，你向来拳手臂内侧躲闪，使来拳自你右肩上方掠过，当你侧闪时跟进打出右直拳，自来拳手臂上方越过，

反击其下巴。之所以被称为“交叉拳”，是因为该动作会交叉越过对手伸出的手臂。（图 77）

右交叉拳是一种非常可怕的击打方式，因为：① 它完全在对手的意料之外；② 当对手进来时，它砸到了他的下颌。这一拳是两个人体重快速撞击的结果。你的交叉拳打得越直，爆炸性就越强。许多拳手会将交叉拳打成钩拳状，也有许多人故意延迟反击时间，直到对手的刺拳掠过自己的肩膀上方之后才掷出交叉拳。这些做法都是错误的。

不要犯这样的错误。保持交叉拳的直线攻击状态，并在对手打出刺拳的瞬间掷出交叉拳。你必须经过大量的练习才能将时机拿捏得足够准确。如果你在格斗中试图使用

图 77

这一技术，必须等到对手在打刺拳并暴露出下巴的空当时才能出拳。

我之前说过，一位技术全面的拳手始终处于最佳出拳姿势——无须特意为出拳做任何准备，这是至理名言。但在使用交叉拳时，你至少要在心理上做好准备。你必须能够预见对手什么时候打出刺拳。也就是说，你必须观察他的动作，算好时机，直至你确定他准备再次打出刺拳，到那时，直接以交叉拳招呼他吧！

右交叉拳只能在针对左刺拳进行反击时用于攻击对手的头部。当侧闪右直拳时，千万不要试图以左交叉拳（如果有这一技术的话）进行反击。一旦你这么做了，你很可能会被击中脑袋而晕倒。你的左肩和左侧下巴之间将没有侧闪的空间。

侧闪右直拳所使用的动作与侧闪左直拳所使用的动作相似，可直接以螺旋钩拳反击对手身体，千万不要试图使用左交叉拳。在应对右直拳时，你既可以闪至来拳内侧，也可以闪至来拳外侧。

然而，牢记这一点：**无论是侧闪右直拳还是左直拳，如果你让来拳自你的左肩上方掠过，你会更加安全**。左肩侧闪会让你的头部进入“安全区”，在那里，你的对手无论出哪只拳头都很难打到你。换句话说，在应对对手打来的左刺拳或右直拳时，以右肩（向内或向外）完成侧闪比以左肩（向外或向内）完成侧闪要危险得多。

当你以右肩侧闪左刺拳，使来拳自你的右肩上方掠过时，你的头部很可能会被随之而来的右上钩拳或右铲钩拳击中。若是用右肩侧闪右直拳，更有被来拳迎面击中的风险。然而，你必须学会用右肩侧闪去应对对手打出的任意一只拳头，因为格斗中的动作常常会迫使你不得不使用右肩侧闪。例如，对手发起佯攻，你试图伸出左手去阻挡或压制他的右手拳，此时对手一旦真的打出右手拳，你将无法再凭借左肩侧闪让来拳从你的左肩上方掠过。相反，你只能以右肩侧闪去应对。如果你在侧闪对手的左刺拳或右直拳时，试图在近距离以右拳反击其头部，你也同样会做出右肩侧闪动作。此外，在多数情况下，你完成右肩侧闪的同时以右拳猛击对手身体，给他造成的伤害比其他组合攻击造成的伤害更严重。例如，当对手打出右直拳，或刚开始启动时，你必须侧闪至来拳外侧，并以右拳猛地击打其太阳神经丛（心窝），使其瘫倒在地。当然，如果对手打左刺拳，你必须侧闪至其手臂内侧才能顺势掷出右交叉拳。

某些从未学过侧闪反击的拳手在应对击打时，其反击时间会有所延迟。例如，对手一记左刺拳迎面打来，他运用侧闪避开来拳，让拳头从自己右肩上方掠过，之后，他再用右钩拳攻击对手身体。然而，他所处的位置也很容易被对手的右上钩拳击中下巴。如果他在侧闪来拳的同时直接猛击对手身体，对手很可能会本能地放低右手以保护身体，如此一来，其下巴处的空当会暴露出来，此时正好可以用左铲钩拳打击对手的头部。

当你在侧闪反击时，你不仅创造了有利的开场局势，而且你带有伤害性的打击也会迫使对手闲置的手做出防御措施，从而暴露出另一处空当。所以，**侧闪的同时要始终伴随着反击**。

下潜闪（bobbing）是对低头躲闪行为的一种美化性称呼，因为“鲍勃”（Bob）是一只带有艺术气质的鸭子（duck）。“duck”一词用来形容人体运动时，是指为了避免被某个飞来的物体击中而慌乱且不顾体面地低头躲闪的行为。这就是“duck”通常所代表的意思。但这一形容对“鲍勃”并不适用，它的行为既不慌乱，也没有丢掉体面。如果使用得当，该动作将如同幸运的阿方斯（Alphonse）弯腰低头亲吻切丽（Chérie）的手掌一样优雅得体。这有何不可呢？毕竟，下潜闪本身就是一种鞠躬行为，请不要改变这一特征。

当你用下潜闪来躲避对手针对你的头部打出的摆拳或钩拳时，你就会明白“鞠躬”是怎么一回事儿了。让陪练用任意一只拳头对着你的头部以慢动作打出一记摆拳。在他将摆拳抡出之前，确保你处于常规的拳架姿势，重心如往常一样稍微向前。当他抡拳时，你只要保持髋部不动、上体向前鞠躬即可。也就是说，你只是在双脚不动的情况下，放松腰腹肌肉，使上体向下、向前运动，膝关节比常规状态时要略微弯曲一些。（图 78）当你开始“鞠躬”时正好处于摆拳下方，你的膝盖会伴随着一个大幅度的下沉

图 78

动作。这是很自然的，在你潜身躲避任何东西时，都会本能地蹲下来。但不要刻意这么做，**要有教养一些，只是“鞠躬”即可**。

下潜闪的理想情况是：① 以**单一、完美可控的动作**潜身至对手打来的摆拳或钩拳下方；② 使双拳指向对手；③ 双腿及双脚几乎保持常规拳架姿势，即使在下潜的最低处也是如此；④ 始终保持头部及肩膀处于可侧闪状态，以随时应对对手可能会打来的直拳。

至关重要的一点是，**在下潜闪的任意阶段，你都必须做好侧闪的准备**。侧闪的自由度将激活你在攻击时启动**摇闪**。稍后我会解释摇闪。现在，在陪练慢动作摆拳的配合下，多尝试几次下潜闪。要自然、轻松地自髋部向前“鞠躬”，但重心不要过于向前，否则你会失去平衡。保持双手在常规防护位置。

一般来说，你无法在执行严格意义上的下潜闪的同步发起反击，因为那是一个直接向下的动作，并非摇闪的前期动作。但是，你可以在下潜之后以低身状态发动反击——尽管此时的反击动作略有延迟，比如旋转身体打出直拳或外围钩拳去攻击对手的身体。或者，完成下潜、闪过来拳之后，在起身时朝着对手的身体或头部掷出可怕的右铲钩拳或左铲钩拳。反复练习几次下潜闪，直至你在对抗训练时能够不假思索地做出来。然而，由于从常规拳架姿势进入下潜闪会给左髋和左腿造成一定的压力，所以在肌肉未能适应之前，不要一次性练习太长时间，否则你的肌肉可能会因此变得僵硬、酸痛。

现在，我们来讨论**摇闪**。

迂回式躲闪（weave），简单来说就是一系列轻微的、虚拟的侧闪。当你朝着对手移动时，先微微转动左肩，然后再转动右肩，之后再转动左肩，如此反复。（图 79）

迂回式躲闪的目的是：① 使头部成为移动的目标（从一侧到另一侧）；② 当你出拳时，让对手难以预测你会掷出哪只拳头；③ 当对手出拳攻击你时，无法预料你会朝哪个方向侧闪。

当你从常规拳架姿势单独使用迂回式躲闪时，必须保

图79

持肩膀始终轻微地晃动，否则，你的防守会出现空当。然而，**迂回式躲闪极少单独使用，它几乎总是会结合下潜闪一起使用，即摇闪**。

按照下列方式，简单地做一下摇闪动作：在常规站位做一个小幅度的下潜闪；完成下潜闪之后，起身时将右肩向前转动，然后摇摆回来时再做一次下潜闪；当你从下潜闪起身时，向前转动左肩；之后摇摆回来，下潜闪，向前转动右肩，如此反复。你会很快地掌握这一系列动作的节奏，从而能够毫不费力地完成它们。（图 80）

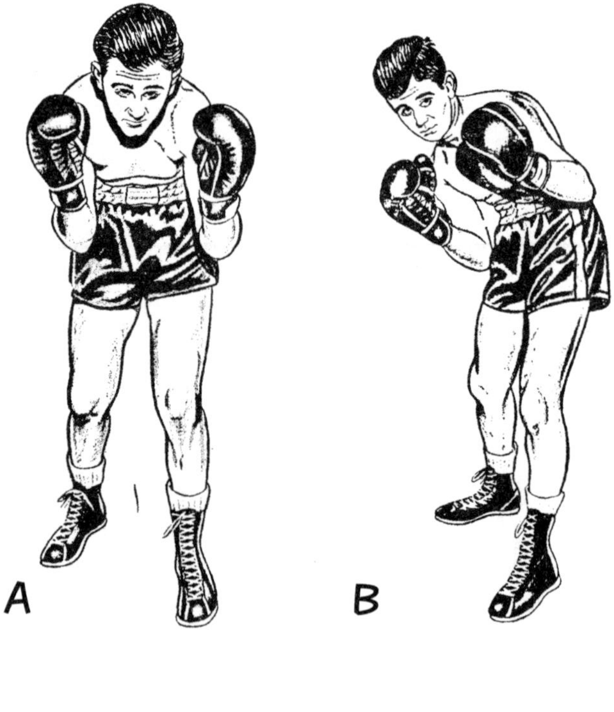

图 80

当下潜配合迂回式躲闪一起使用时，你的头部会变成一个更难以捕捉的目标，而且对于对手来说，不确定因素增加了，因为他无法预测你在躲避时会使用下潜闪还是侧闪。

几乎所有拳手在向对手移动时都会在一定程度上使用摇闪。然而，大多数人使用的频率并不太高，唯有真正擅长摇闪的拳手才会将其发挥到极致。他们会做出较大幅度的下潜闪和摇晃动作（图 81）。他们用该技术躲闪至对手攻击路线的下方，并借此来实现近距离作战。一位真正擅长摇闪的拳手必定是一位钩拳老手。如果他躲闪到直拳下

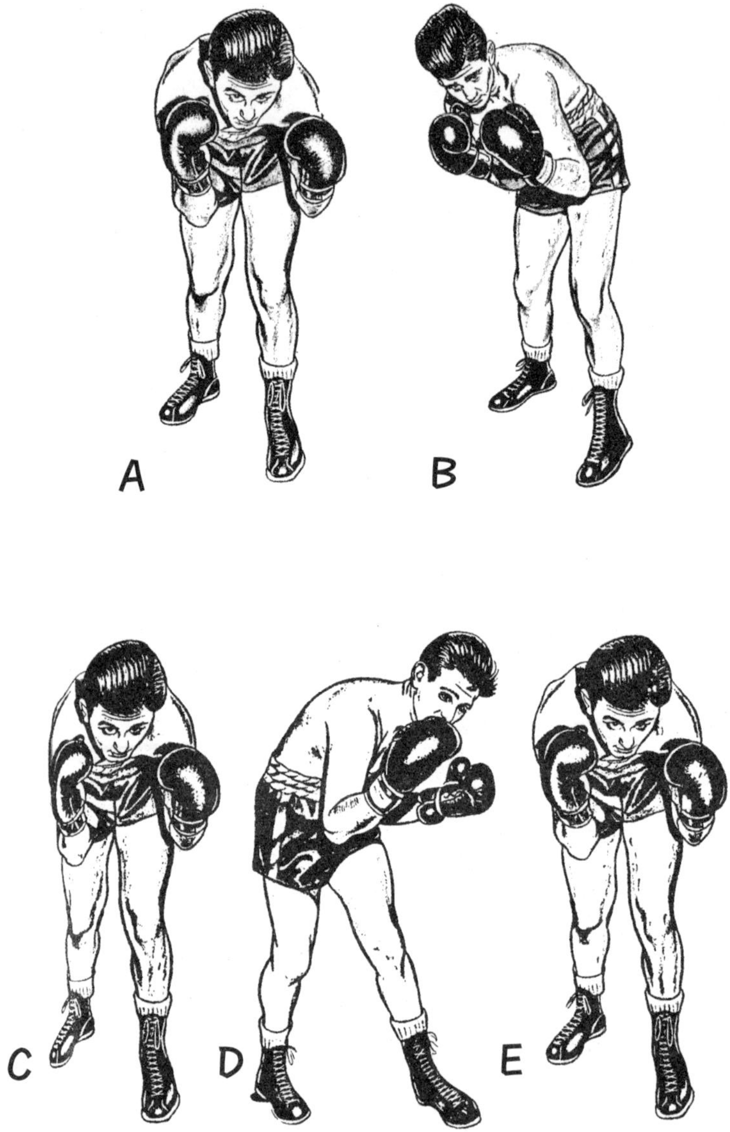

图 81

方，他会在侧闪的同时发起反击，并紧接着针对直拳使用者的身体和头部发动一连串的“轰炸”。如果他下潜近身，他也会针对对手的身体发动一连串的反击，尽管时间上会略有延迟。

经验丰富的摇闪型拳手经常使用苹果式下潜（apple bob），效果非常好。该动作是这样做的：当一记左刺拳向你打来时，你要快速低身，以侧闪和下潜相结合的方式闪至来拳手臂外侧，然后顺势在外侧起身。（图 82）整个动作——侧闪、下潜、起身——呈弧线形。你的头部由对手手臂内侧向外侧移动，并在下潜之后起身，整个动作的轨迹看上去像苹果或瓶塞的形状。

A

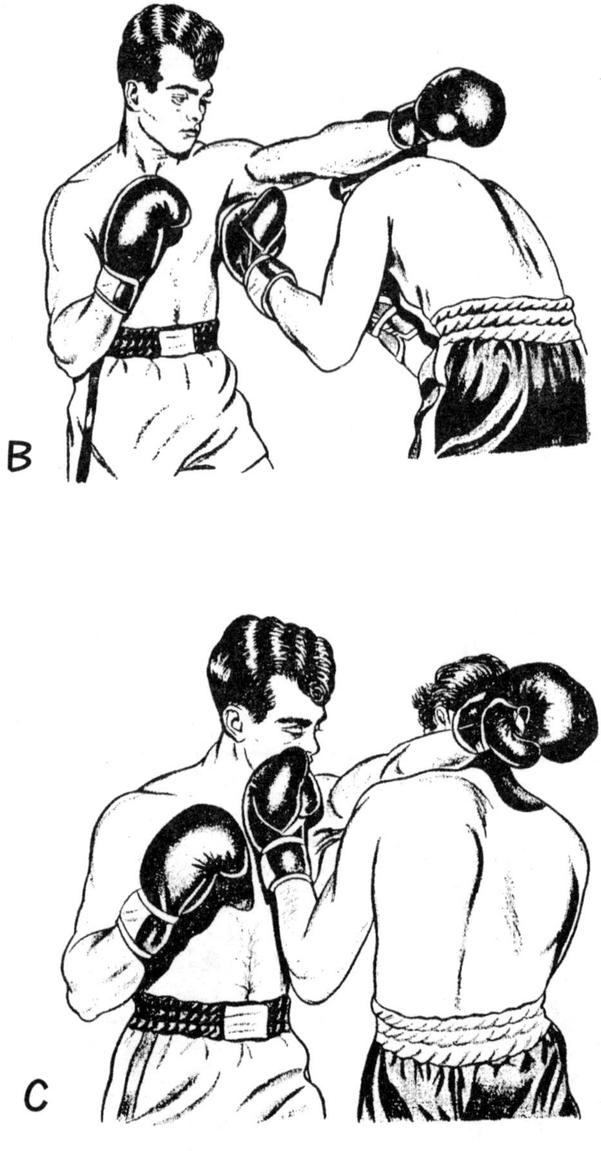

图82

在苹果式下潜中，你不能在侧闪时就开始反击，相反，你应该在起身时进行反击。你可以用左铲钩拳反击对手的下巴。当对手的左臂从你左肩上方掠过时，向对手打出铲钩拳。而且，当你的铲钩拳砸中对手的下巴时，紧接着再用一记抬手过肩的右手偷袭式钩拳击打其下颌。当对手打来右直拳时，你可用苹果式下潜闪至来拳手臂外侧，以相反的组合方式进行反击。

我在抵达托莱多之前已经积累了丰富的格斗经验，所以当我在面对杰斯·威拉德时，我已经是——或者应该是——一名技术非常全面的拳手了。尽管如此，我的优势仍是摇闪式攻击。这是很自然的选择，因为在面对高个子对手时，摇闪式攻击是我所能采用的最完美的攻击方式。身为一名重量级拳手，我的体型相对矮小，而且我发现在应对高个子对手时，摇闪特别有效。

没有人教我怎么摇闪，我是下了一番苦功夫才学会的。查理·迪尔（Charley Diehl）是我在蒙特罗斯时的同学，他已经成了一名技术相当不错的拳手。他本可以在拳台上取得更好的成绩，但他更热衷于成为一名厨师。不管怎么说，我注意到拳台上的查理是一个非常难以捕捉的目标，因为他总是以深蹲状态靠近对手，并且一直保持左右摇摆。我还注意到，当他进入击打范围时，他的右脚总会悄悄地跟上来，恰到好处地放置在左脚右侧，他的双脚比大多数拳手要站得更开一些。我反复借鉴过查理的风格，但那个深蹲把我累坏了。我猜可能是我的膝盖弯曲得太厉害了。

我之所以借鉴他的风格，是因为这对我来说特别适用。1915 年，在犹他州奥格登阿罕布拉剧院（Alhambra Theatre）的一场比赛中，我在面对一名绰号为“波士顿熊猫”（The Boston Bearcat）的高大黑人选手时使用了这种深蹲和摇摆的打法。对手体型高大、力量惊人，其出拳如同骡子踢腿一样。但我没让他打着我。我认为我唯一的机会就是以查理的深蹲加摇摆的方式接近对手，然后，把拳头狠狠地砸到他身上。事实上，我就是那么做的，而且效果很好。我一开始就猛击对手的太阳神经丛（心窝），直到他倒在拳台上我才停手——比赛只进行了 1 个回合。

这场出人意料地快速获胜的比赛让我对深蹲加摇摆的方式产生了极大的尊重。我开始认真分析这一技术，想看看“它到底是如何运转的”。当一个家伙在使用这种防守方式时，为什么很难打到他？我想找出个中原因。我发现我在摇摆时，其实是在做侧闪动作，这些侧闪动作让我的头部左右移动，成了难以捕捉的目标。当时我并没有做出任何常规的下潜动作，但我意识到，由于身体处于深蹲状态，所以我能够很轻松地躲到来拳下方。我开始尝试加入下潜动作，这让我的头部变得更加难以捕捉。我不记得那些运动专栏作者是从什么时候开始将我的这一系列动作称为“摇闪”的，但我知道一点：在1915年我与“波士顿熊猫”比赛之前，我从未听人说起过摇闪。

下潜闪在防守中的另一个宝贵优势是：擅长直拳攻击的对手不仅要直接向下出拳才能打到你的头上，而且他还必须非常小心，以免打到你的额头将他自己的手骨弄折。

有2种方法可以对付摇闪型对手：① 蹲低身体，和他一同做摇闪动作；② 以常规拳架姿势对着他直接打出铲钩拳、上钩拳和直拳连击。

如果你能像对手一样，很好地使用摇闪，那么第1种方法会更好。然而，如果他擅长摇闪，而你并不太行，你很可能会被打残，因为你要试图在他所擅长的领域击败他，基本上不可能实现。如果你不是一名熟练的摇闪型拳手，那么你最好选择第2种方法，尽管常规拳架姿势确实会让你的身体露出些许空当，容易被摇闪型对手攻击。

无论使用哪种方法来对付摇闪型对手，必须记住：大多数摇闪型对手都不太注意自身的节奏，你可以预测他们的动作。当他们下潜时，你可以用上钩拳锁定他们；或者当他们开始起身时，你打出铲钩拳。当你使用摇闪时，**要留意自己的节奏**。你在靠近对手时，要打破自己的节奏。例如，不要持续使用一系列的侧闪和下潜动作，而是要在左右摆动时做轻微的下潜动作；然后摆动2次，向一侧做一次大幅度下潜；之后再以轻微的下潜回到中心位置；接下来再摆动2次，向另一侧大幅度下潜，如此反复。打破自身节奏，如此一来，对手就很难预测你的动作。

在使用摇闪的过程中，你会发现，当你进入击打范围时，你的右脚会悄悄向前移动，直至它几乎与左脚齐平。迂回式躲闪时，这一姿势会给你非常大的自由度，并允许你同时以左钩拳进行反击，或者在你躲进去之后，重重地反击其身体。

另一种躲闪的方法需要借助步法来实现。在学习出拳时，你已经学会了脚步的基本移动方式——坠步、前后滑步、侧步、环绕步以及用以配合螺旋钩拳的轴转步。你也掌握了步法的基本原理：向任何方向移动时，靠近移动方向的那只脚先动。

当你使用侧步躲避来拳时，不要试图在迈步时进行反击。尽管有一些拳手在侧步时反击，但他们的反击并没有力量，因为他们出拳的方向和体重移动的方向并不一致。等到你完成侧步后，你才能够以常规拳架姿势做出反击，此时的反击在时间上略有延迟。

不要将防守中的侧步和**向内移步出拳**的重要过程混为一谈。当你向内移步出拳时，脚步的移动会让你的反击更得力。向内移步的方式是：让陪练朝着你的头部以慢动作打出一记左摆拳；你迎着摆拳径直向内侧上步；在上步时，以右手直拳、铲钩拳或上钩拳攻击对手的下巴。对手的摆拳将会绕过你，并不会伤害到你。（图 83A）接下来，让陪练朝着你以慢动作打出一记右摆拳。你上步进去，向其打出左拳。（图 83B）之后，让陪练缩短击打路线，把摆拳换作钩拳，然后你在近距离练习向内移步出拳。你会发现当你移步至钩拳内侧时，以同样紧凑的铲钩拳击打对手下巴是最好的反击方式。（图 83C~F）

A

B

C

D

E

F

图 83

注意，向内移步出拳的顺序刚好与阻挡反击的顺序相反。当你用右手阻挡对手的左摆拳时，你是用左手反击。但当你向内移步避开左摆拳并进行反击时，你要使用的是右手，没有任何阻挡动作。你向内上步出拳的击打力度比阻挡或拍击后反击的力度更重。

最后一种躲闪方式是抽身向后（pull-away），**这也是效果最差的一种躲闪方式**。一些拳手称之为“后仰闪”（snap-back）或“快速闪开”（snap-away）。无论是否借助步法，它均能使用。

首先尝试不借助步法的躲闪。当陪练打出左刺拳时，你腰部不动，上体向后摆动，重心转移至右脚。（图 84）这会让他的左刺拳触碰不到你，而你正好处于可用左刺拳反击的最佳位置。接下来，当你后仰闪时，后退一步。（图 85）

后仰闪只能作为应对直拳或上钩拳时最后采用的策略。但是，**千万不要试图用后仰闪躲避打向你头部的钩拳或摆拳**，你会被直接砸中。学会使用后仰闪，但不要习惯于使用它。如果你保持着警惕，你可以使用任何你此前所学的更有效的防守技术。一旦你养成了用后仰闪躲避直拳的习惯，你会本能地用后仰闪躲避钩拳或摆拳，但你不能这么做。记住：试图用后仰闪躲避钩拳或摆拳，就像尝试用摆拳攻击一名经验丰富的对手一样危险。

还有另外一种躲闪方式，我甚至不打算介绍它，因为

图 84

图 85

它太危险了，它简直不能算是一种躲闪，更像是灾难的开始。它被称为“转体弯腰躲闪”（drop-away）。当陪练向你打出一记抬手过肩式右钩拳时，你的动作好像是要侧闪，以使来拳自你的左肩上方掠过，但同时右脚侧向移动一小步，并弯腰低身将上体重心放置于右腿膝盖上。（图 86）该动作的目的是通过改变距离和位置使打来的右拳无法触

图 86

及目标，然而，在面对聪明的拳手时使用该技术太冒险了。你的左手臂因为下垂，将不能更好地护住身体左侧，而且你的头部也容易被对手的左钩拳击中。此外，在这种姿势下你完全无法出拳，更不能发起反击。

还有一个被称为半防守的动作，那就是“头部偏转”。当你的头部被击中时，可以顺势转动头部。尤其是当你来不及做出任何防守动作时，只能用头部偏转的方式进行防守。当你意识到即将被右钩拳或略带弧度的右直拳击中时，在那一瞬间，向右侧偏转头部。在被来拳击中时偏转头部可以适当地降低你所承受的击打力度，同时也可能让拳头从你的脸部或下巴擦过。当对手打左钩拳时，你的头部向左侧偏转。

如果你被一记正直拳击中，千万不要转头向后。你可以让身体本能地向后拉开距离，但要保持头部在常规拳架位置上——下巴微收。如果你试着转头向后，你的下巴会随之抬起，有可能会招致更严重的击打！

23 FEINTING AND DRAWING

佯攻与诱敌

在前面我曾警告过你，不要使用没有威胁性的击打动作去制造空当或试探对手的反应。我强调的是，使用左刺拳去骚扰对手，与你使用可能会重创对手的左冲撞直拳去击打他，两者所面临的风险几乎是一样的。任何时候，只要你把左拳伸出来，无论是朝着对手进行试探还是用以重击，你都有可能会被对手以左刺拳或右交叉拳进行反击，或者伴随侧闪以钩拳反击你的身体。

还有一点需要注意，制造空当和试探对手的反应，两者之间存在着极大的不同。当你制造空当时，你只是让对手暴露出他身上某处可供击打的目标。但当你试探对手时，你本可以一拳将他打得失去平衡，如此一来，他势必会暴露出你下一拳要攻击的部位。而你一旦能把他打得失去平衡，根本无须再去试探他的反应。

而且，你完全没必要使用力度较轻的左刺拳去试探对手的反应，即便它能准确地打到对手的脸上或额头上。因为许多经验丰富的拳手根本不会在乎打在脸上的这几记如挠痒痒一般的刺拳，他们并不会被吓唬住。相反，这只会让他们做好准备，朝着刺拳使用者的下巴发起重击，他们会把对手吃掉的。

既然没必要使用力度较轻的刺拳去制造空当或试探对手的反应，那么你应该怎么做呢？① 通过佯攻或诱敌来制造空当；② 使用足以将对手击倒在地的爆炸式冲撞直拳来试探对手的反应。

什么是佯攻？

佯攻是一种没有完全打出但却具有威胁和欺骗性质的出拳方式。

什么是诱敌？

诱敌是指故意暴露出自身空当，诱使对手出拳攻击，如此一来，在他出拳时会不可避免地打开自身空当，你可以趁此机会进行反击。

如何使用佯攻？

佯攻通常用于制造空当，虽然它也可以用于阻止对手在常规拳架状态下出拳，以及诱使对手出拳。

为了制造空当，你可以使用击打时拳头、肩膀、膝盖、脚或者眼睛的预兆动作来威胁对手。举例来说，如果你希望对手放松警惕，露出下巴的空当，你可以用左手朝着他的身体做出一个轻微的刺拳动作；或者，仅仅是将左肩朝着他的身体微微转动；又或者，你可能只是将目光突然移向他的身体。事实证明，有时诸如眼球转动之类的微小预兆也能诱使对手出拳。

如果你想让对手露出身体空当，你需要佯攻他的头部。有些拳手习惯用左脚发起佯攻，他们会抬起左脚，猛地向下跺，就好像要上步一样。你不应该这么做。用脚发起佯攻是极其危险的，因为你抬起左脚会破坏你的重心和出拳姿势。当你用手发起佯攻，特别是针对对手的身体时，**注意不要把手伸得太远或放得太低**。双手过分张开会令你的头部暴露在外。

以肩膀发起佯攻是最安全的，同时也是效果最好的。

通过练习，你会发现你可以使用佯攻来诱使对手做出各种形式的移动。你可以诱使他进行侧闪，此时他会成为你铲钩拳的目标；你也可以诱使他做下潜闪，方便你对着他打出上钩拳；此外，你还可以诱使他去防守任意特定形式的击打而露出其他部位的空当。当你能将佯攻应用得得心应手时，你可以迫使对手按照你的节奏进行格斗。你所使用的佯攻，能够诱使对手在阻挡、拍击或侧闪来拳时暴露出自身空当，也可以阻止他进入特定位置出拳，还可以让你减少毫无意义的出拳以及避免出现不必要的空当。

如何使用诱敌？

你故意暴露出自身空当，诱使对手出拳击打。这是一个圈套，因为你不仅提前知道这个空当，而且你已经在对手抓住空当发起攻击之前做好了反击的准备。例如，你可以将右手放低，露出下巴，诱使对手打出左刺拳。你事先已经知道自己暴露了，所以你会在对手发动左刺拳的瞬间，用右交叉拳进行反击，或者侧闪来拳的同时以钩拳击打其身体。

同样，你也可以把左手放低，诱使对手打出一记右直拳；或者，你可以抬起任意一侧的肘部，诱使对手朝你的身体发起攻击。你可以通过佯攻时落手或抬肘的方式诱使对手朝你露出的空当出拳击打，但要确保你的诱敌行为不会让你自食其果——结果被打中的是你，而不是你的对手。

关于佯攻时的假动作，我将告诉你一个行之有效的组合攻击方式。它被称为“双重转换”，主要用于对付习惯后撤的对手。你需要做两次转换步：先朝着对手的头部打出一记左直拳，要让对手有所反应，一旦他后撤步躲开，你的右脚立刻向前迈出一大步，同时再打出一记右直拳继续攻击他的头部。如果他的移动速度够快，他也能避开这一拳，但已经有些勉强了。然后，你的左脚立即向前迈出一大步，同时以一记左直拳打向他的头部，将所有攻击要素都融入这一拳，这一拳几乎可以给他致命的一击。（图 87）

双重转换的目的是迫使习惯后撤的对手以后撤躲开你

A
B

C

D

图 87

打出的第一记左直拳之后，立刻匆忙躲避紧随其后的那记非常规的右直拳，而最后那记非常规的左直拳会打他个措手不及，让慌乱的他避无可避。这种攻击方式之所以被称为双重转换，是因为当你打出右直拳时，你的身体会转换成左撇子姿势，当你打出最后一记左直拳时，你的身体会转换回常规拳架姿势。该组合动作应以最快、最迅猛的方式打出，你的双拳会——嗖！嗖！砰！即使你的最后一拳未能打中他，你也恢复成了常规拳架姿势，已经做好准备对一个极其慌乱的对手发动下一波攻击。

一些拳手在使用双重转换时，会以钩拳来代替直拳。已故的重拳手——“野人”斯坦利·凯切尔（Stanley Ketchel）用抬手过肩式的摆拳配合双重转换的使用，以拇指关节和手腕部位去接触对手下颌和脖颈的一侧。斯坦利必定有一双铁手才敢这么干。我建议你做双重转换时，不要试图使用钩拳，因为大步幅的移动会让钩拳路线大开，很容易变成摆拳或半抡臂的摆拳。此外，使用钩拳会让你的身体在每次转换时呈打开状，极其危险。

24 TRAINING 训 练

训练有 2 个目的：① 调整你的身体，以适应格斗需要；② 身为一名拳手，必须通过训练来打磨技艺。

有些训练有助于改善身体状况，有些则能提升速度，但有一项非常重要的训练内容可以同时兼顾两者，即对抗训练。

对抗训练是无可替代的。不管你采用何种训练方式，对抗训练是你必须要进行的，而且是要有规律地经常进行，唯有如此，你才能成为一名成熟的拳手。对抗训练不仅能提高你的技术，还能迫使你的肌肉去习惯猛烈、爆发式动作，从而使你的身体适应格斗的需要，这是格斗有别于其他活动的地方。

关于格斗节奏的文章已经有很多了。几乎每位拳手都会在步法、下潜、摇闪等动作中发展出属于自己的节奏，甚至有一些招式花哨的拳手在做空击练习时能够表现出几乎与芭蕾舞者一样的节奏，然而一到关键时刻，他们的节奏就被破坏了。对手的佯攻、前手击打、反击以及防守动作恨不得立刻打破他们的节奏，并且会迫使他们的动作——无论是攻击还是防守——瞬间进入猛烈、爆发状态。

正因为格斗中的动作是猛烈和爆发式的，所以格斗也许是人类所有活动中最容易疲劳的。一些大学专家坚称团队协作的划船比拳击更容易让人精疲力竭，对此，我不太清楚，我从未有过类似的经历，但我知道船员是有固定节奏或拍子的，他们据此来把握划桨的时机。

一个年轻小伙子可能在其他运动中表现良好，比如篮球、足球、棒球、牛仔竞技、马术、杂技、跨栏或摔跤，等等，但如果他没有进行过对抗训练，两三分钟的快节奏格斗很快会让他感到精疲力竭。他的肌肉不习惯做这类动作，而且他在做这类动作以及被击中时，他的呼吸也很难适应。

至少对初学者来说，对抗是最重要的身心适应性训练，同时也是最重要的技艺打磨训练。它能提升你在面对一位活生生的对手以及难以捉摸的目标时对距离的判断能力和对时机的把握能力；也能让你在防守时机敏灵巧、在反击时高度警惕；此外，它还能训练你在本能反应的瞬间做出正确的组合动作。

另一种最佳练习方式是空击，它也能达到双重目的：

调节身心和打磨技艺。它通常被描述成“与想象中的对手对打”，它对强化步法有特别大的帮助。尽管大多数拳手在做空击练习时并不会佩戴拳击手套，但初学者应该戴上，拳套的重量有助于锻炼耐力。当你做空击时，必须使用你在对抗中会用到的攻防动作。为了让空击训练发挥出最大价值，你在空击时应该以最快的速度进行。太多拳手在做这项练习时总会显得漫不经心。

击打沙袋是另一种调节身心和打磨技艺的训练方法。每次集中训练时，你应该先在充气的梨形速度球上练习 3 个回合，然后在重沙袋上练习 2 个回合。说到回合，我建议你在初期训练中——对抗、空击、打沙袋等——把每个回合的时间限制在 2 分钟，每回合之间休息 1 分钟。以后，你可以将每个回合的时间延长至 3 分钟，这与职业拳手在拳馆内比赛时每回合所用的时间相同。但是，要继续把每次休息的时间限制在 1 分钟以内。

对着沙袋训练能锻炼你在击打时用到的所有肌肉，并且会提高它们的协作能力。你的胸部、肩膀及手臂将呈现出结实、圆滑的状态，这是大多数拳手与普通人在身体上的显著区别。

相比重沙袋训练，击打轻型的梨形速度球更为重要，因为梨形速度球是一个快速移动的目标，可以提高你的时机把握能力和距离判断能力，同时它还可以强化你的肌肉以适应格斗的需要。每次集中击打梨形速度球之前，先确保梨形速度球与你的下巴同高，并且牢牢地固定在顶板上。如果你在击打时它从顶板上掉下来，你可能会被金属挂件砸中面部。如果梨形速度球悬挂位置过低，顶板也会特别低，你的拳头一旦没打中梨形速度球，很可能会直接打到顶板上。所以你需要根据出拳击打梨形速度球的落点位置调整顶板的高度。如果顶板位置是固定的，拳馆老板通常会提供一个高约 15 厘米的木制踏板，身材矮小的练习者可以站在上面，以合适的高度来击打梨形速度球。

每回合花 1 分钟时间在轻便的梨形速度球上练习直拳接反手打的组合。练习该组合时，双脚不动，从正常拳架姿势打出。组合方式如下：左直拳——左拳反手打——右直拳——右拳反手打——左直拳——左拳反手打……如此往复。（图 88）这种练习不仅可以锻炼你的肌肉、训练你旋转出拳的时机，还能让你完成一记有力的阻挡或反手消打的动作。在每回合剩余的 1 分钟（或 2 分钟）内，你应该练习各种针对头部的击打方式——坠步直拳、快速的中距离换拳互拼、铲钩拳、螺旋钩拳、紧凑的外围钩拳以及上钩拳。打上钩拳时，小心不要碰到顶板。**千万不要养成轻拳出击的习惯，即使是在面对梨形速度球时也要用力击打。**

击打重沙袋能实现两个目的：① 它让你习惯以各种类型的击打方式攻击对手的头部或身体时，拳面能够坚实地接触目标；② 它可以训练你针对对方身体的击打方式，这

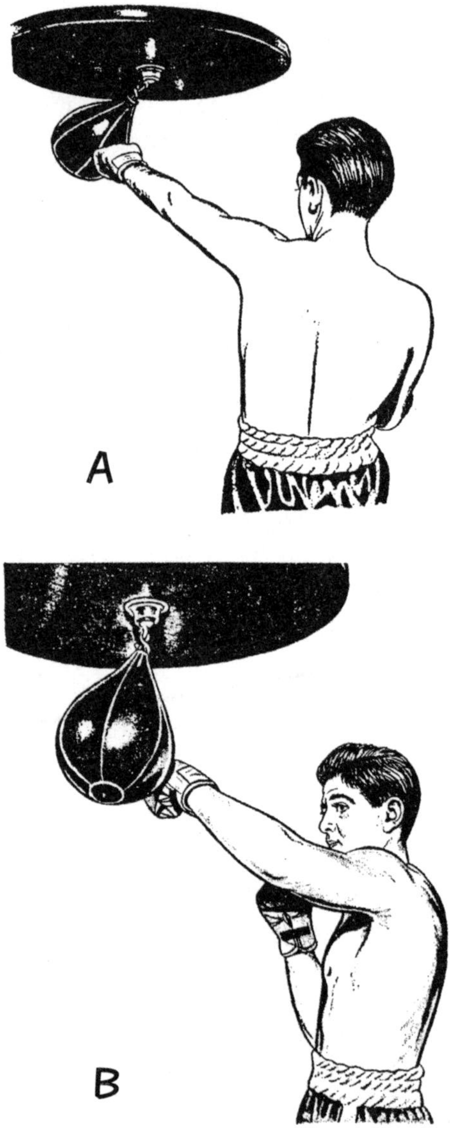

图 88

正是梨形速度球训练所欠缺的。用重沙袋练习所有拳法，并配合正确使用步法。每个回合花 1 分钟来训练摇闪攻击。躲进去时以螺旋钩拳攻击沙袋上与身体同高的位置，紧接着再补上一记钩拳，最后起身时攻击与头部同高的位置。下一次躲进去时，试试其他组合拳，比如先一拳砸向与身体同高的位置，再接连两拳攻击与头部同高的位置。当你躲进去之后，练习打出各种组合拳。

在击打梨形速度球和重沙袋时，记得戴上击打专用的拳套。如果你因佩戴了其他人的拳套而导致指关节被磨破，你的双手可能会因此而感染。出现这种情况时，入睡前可将樟脑冰片敷在破皮的指关节处，几个星期的训练过后，你的指关节处会长满老茧，此时你就不会再有什么麻烦了。

提高身体适应能力的有效方法还包括长跑、跳绳和强体健身训练。

长跑是指在道路上跑步。跑步既能增强腿部力量，又可以锻炼耐力。如果你在跑步时身穿保暖、厚重的衣服，还会起到减重的效果。无论穿什么衣服，你必须选择一双鞋底结实的运动鞋，而且鞋面要高于脚踝。此外，你还应该穿一双厚实的短袜，以防止双脚起水泡。如果你身体比较虚弱、健康状况不佳，在尝试开跑之前，应该先去粗糙的地面上徒步至少 2 周来锻炼自己。当你开始跑起来时，首先要放松。起初 7 天，每天早上以慢跑的形式坚持跑完 1 千米。然后逐渐增加距离，直至你每天都能慢跑 3 千米。

当你习惯长跑之后，你的双脚已经得到强化，此时可以将各种跑步形式结合起来。比如，先冲刺 100 米，然后慢跑，接着做几秒钟的空击，然后再慢跑，最后冲刺，如此往复。几乎所有的职业拳手都会选在清晨进行长跑。一有机会，你就应该跑起来。当然，跑回来之后，你需要去冲个澡。职业拳手每次长跑在 5~16 千米之间。

跳绳可以锻炼耐力、协调性以及腿部的弹跳力。你可以在体育用品商店买到跳绳（不是那些孩子们用的玩具绳）。或者，你可以自制一根跳绳，先将晾衣绳在润滑油中浸泡一夜，然后再挂起来，晾晒一天，之后把绳子两端对折，剪一段自行车胶带，固定在两端，作为手柄。跳绳要重，但不要太粗，这就是要给它上油的原因。

跳绳时，你不能双脚同时起跳，也不能像女学生那样间歇式地跳动，而是应该单脚起跳，然后再两脚交替转换。起初练习时，会稍显尴尬，但你很快就会适应的，当你能够毫不费力地跳动时，你和你的朋友们会大吃一惊。为了让跳绳更加有趣味性，你可以尝试后摇，也可以学着前后交叉跳，或者每跳起一次让绳子在脚底转动 2 次。（图 89）你可以就跳绳做很多有趣的尝试，比如你可以在跳绳时加入步法，或者在绳子绕过身体时加入吉格舞步。跳绳可以在拳馆或健身房内的任何地方进行。每次跳绳训练至少进行 2 组。

强体健身训练对拳手来说，主要是为了增强腹部及颈

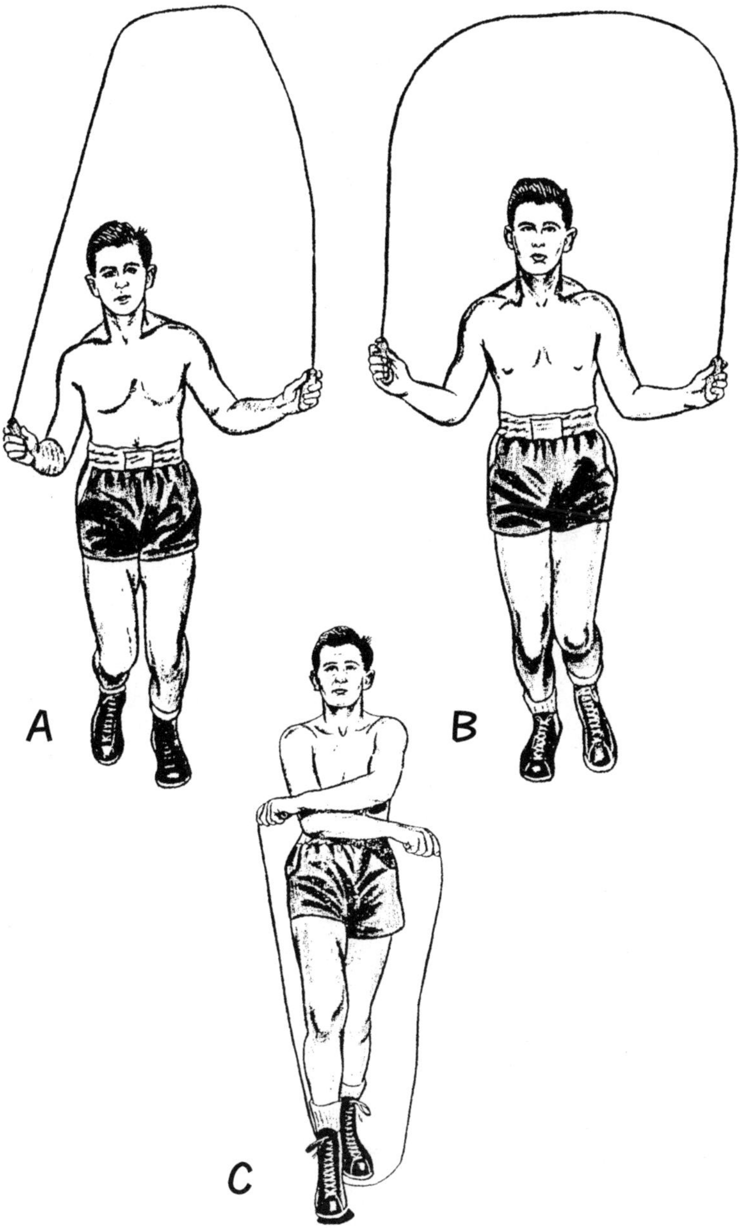

图 89

部肌肉的防护能力，使这些部位变得更加坚韧。拳手应该避免进行举重之类的训练，因为这种训练会让肌肉僵硬。

体前屈练习是最好的锻炼腹部肌肉的方式，它可以将腹部肌肉练得像搓衣板一样，这样的腹部能够抵挡对手针对你身体的击打。效果最好的体前屈练习是仰卧在相当柔软的平面上进行的，可以在身下铺上垫子或垫上几层较厚的毛巾。平躺，双脚并拢，双臂自头顶向后伸展。（图 90A）然后，慢慢起身，上体向前弯曲，双手呈弧线形向上举起，向前触摸脚趾。（图 90B）之后，再慢慢恢复至起

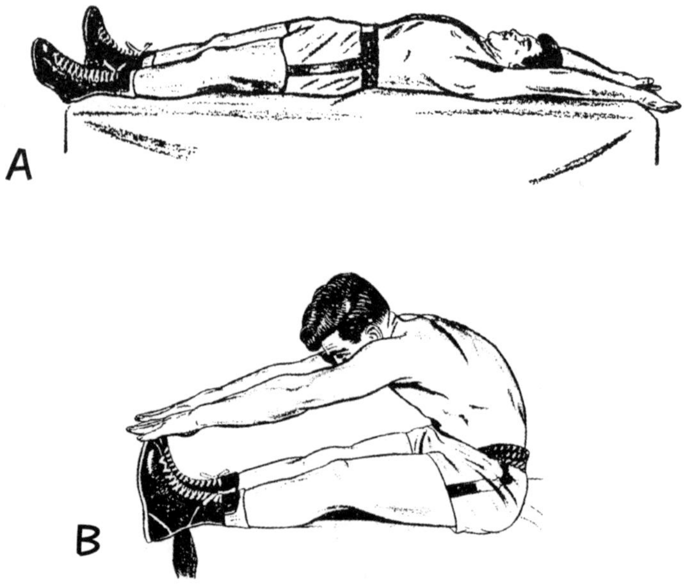

图 90

始姿势。如果你向前弯腰时双脚不自觉地抬起，可请陪练按住你的双脚。反复练习这个动作，直到你累得不能起身为止。刚开始你会很快感觉到疲惫，但训练几周之后，你可以完成 25~30 个体前屈，以后可以增加到 50~100 个。

为了避免单调，你可以换种方式来练习体前屈：同样是仰卧姿势，将双腿打开，起身时以右手去触碰左脚趾，然后复位，再次起身时换成以左手去触碰右脚趾。你也可以双手扣在脖颈后面，在仰卧状态下，起身向前弯曲，直至下巴抵达两膝之间，即常规意义上的仰卧起坐。或者，保持双手在颈后位置，起身向前弯曲时，以右肘去触碰左膝，然后复位，再次起身时换成以左肘去触碰右膝。

以仰卧姿势做体前屈时，一定要确保身下的垫子是柔软的，这样不会伤到尾椎骨。站立时，你几乎可以完成同样的体前屈练习，只不过在站立体前屈时，膝盖要保持挺直。（图 91）尽管如此，以仰卧姿势完成体前屈会更有好处，因为这样腹部肌肉能得到更充分的刺激。

颈部肌肉唯有变得强壮，才能吸收转化头部被击中时所带来的冲击。强化颈部肌肉最好的练习方式是“桥”。仰卧在垫子上，双手紧扣于胸前[①]。慢慢抬高身体，仅留双脚和头部在垫子上支撑，这就是一个简单的“桥”。（图 92A）

---

① 译者注：图 92 展示的是简易版的“桥”，双手抓握垫子能提供一定助力，待颈部肌肉适应后可再依行文所述，将双手紧扣于胸前进行练习。

图 91

保持“桥”的姿势不动，向后翻转头部，直到额头触碰到垫子（图 92B），之后再原路返回，回到“桥”的姿势，然后慢慢放平身体，恢复起始的仰卧姿势。按照这个流程反复练习几次。当你站立时，同样可以进行强化颈部肌肉的练习：分别向左右两侧转动头部，每次转动时，尽可能地伸出下巴，使下巴贴近肩膀。

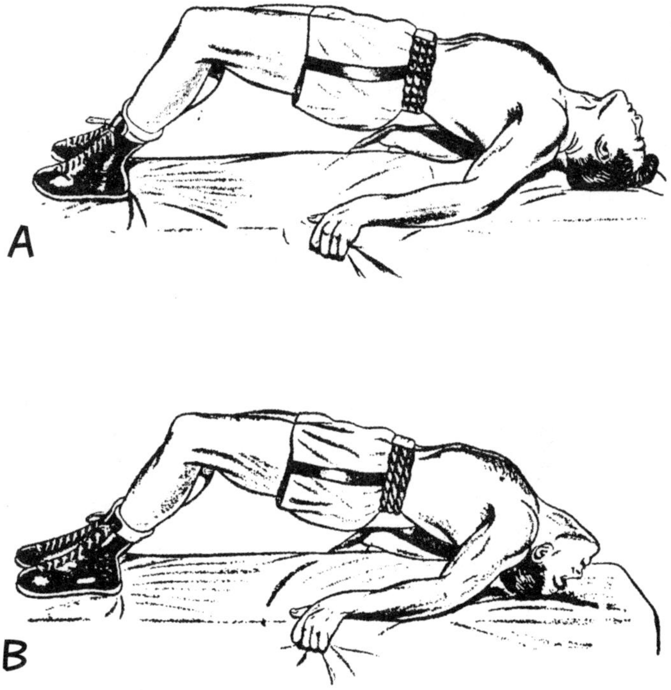

图 92

如果你决定参加业余或职业比赛，在拳馆里你还可以学到许多其他的练习方式。但我教给你的这些内容已经足够帮助你成为一名成熟的拳手了。

例如，你可以通过使用固定在墙壁上的滑轮和在地板上做俯卧撑来锻炼手臂和肩膀的力量。有些教练不赞成这么做，他们认为这种形式的锻炼会让你的肌肉变得僵硬。对此，我持反对态度，我认为可以使用，除非你的肩膀和手臂的肌肉已经足够发达。

在拳馆之外，你可以通过每天挤压手中的橡胶球来锻炼抓握力量，每次可以挤压几个小时，双手轮流进行。如果你的手掌不怎么强壮，我建议你这么做，因为一双强壮厚实的手掌在格斗中是非常重要的。强壮厚实的手掌有助于你打出爆炸性的力量，同时也能防止手骨骨折。

有些教练会通过向拳手的腹部投掷实心球来增强其腹部肌肉。拳手自然站立，双臂放松，教练投出的球刚好砸中拳手的腹部。当实心球从他的腹部弹起落下时，他将球接住，并抛回给教练，重新再来一次。对于一位已经训练了两三年的人来说，这会是一个很好的锻炼步骤，它可以让其腹肌变得强硬。但我不建议一般的初学者这么做，因为有可能会伤及内脏。

每位拳手——无论是初学者还是经验丰富的职业拳手——都必须有自己的每日健身计划和整体训练计划，当他坚持实施这些计划时，他会表现得更好。

接受 6 周或 2 个月的非正式预备训练后（你已经学习了出拳和防守，并在对抗训练中磨炼过这些技术），你就可以按照下列方案来安排自己的训练计划：

空击 …………………………… 2 个回合

对抗 …………………………… 3 个回合

击打重沙袋 …………………… 2 个回合

击打梨形速度球 ……………… 3 个回合

跳绳 ………………………… 2~3 个回合

强体健身训练 ………………… 2 个回合

每个回合之间休息 1 分钟。锻炼结束后，你可以在更衣室里放松地坐或躺 5 分钟，好好地出出汗。无论是坐着还是躺着，你都必须用浴袍或床单把自己裹严实，并确保自己远离通风口。

出汗之后，简单地冲个温水澡。如果大强度的锻炼使你的肌肉僵硬、酸痛，你应该在淋浴后按摩一下。大多数职业拳手都会在锻炼后进行按摩，以缓解肌肉酸痛并保持肌肉弹性。

按摩技师在用手指揉捏你的肌肉时，会事先为你涂抹起舒缓作用的乳液。毫无疑问，你在刚开始学习格斗时不会享受到这类服务。然而，你可以请陪练过来，两人互相按摩放松。平躺在垫子或铺有毛巾的地板上，先按摩肩膀、手臂以及腹部肌肉的前侧肌群，然后翻过身，按摩肩膀、手臂和腿部肌肉的后侧肌群。

如果你无法做出上述安排，可是又需要缓解肌肉酸痛的话，那么，你就得在每次锻炼后自行涂抹乳液。你可以在任意一家药店买到深海鱼油（Omega Oil），那是一种非常好的乳液。或者，自己制作按摩用油：将 90 毫升的消毒医用酒精、90 毫升的金缕梅酊剂、30 毫升的冬青油、30

毫升的橄榄油混合在一起即可。

如果你参加了一场特别激烈的对抗训练或带有伤害性质的打斗，你可以在家中泡个泻盐[①]澡来缓解肌肉酸痛和淤青。在浴缸中放满温水，然后倒入 2 千克泻盐。先在浴缸中躺上半个小时，然后直接去睡觉。

所有职业拳手都会在下午去拳馆锻炼，但大多数业余拳手不得不安排在晚上进行，因为他们白天还要上班。当然，高中生和大学生例外，他们通常会在下午晚些时候去拳馆锻炼。无论你什么时候去拳馆，也无论你是业余的还是职业的，你都应该在清晨长跑。

对于一位有正式工作的业余拳手来说，这里有一份很好的日常训练计划可供参考：

06:00　起床。饮用一杯热茶，或一杯牛肉汤，鸡汤亦可。

06:30　出门跑步。

07:00　回到家。稍微出出汗，冲个澡。吃个早餐：果汁，麦片，鸡蛋，牛奶或茶。

12:30　吃午餐。生菜番茄三明治（可以配上两三片培根），再饮用一杯牛奶或一杯茶。如果三明治中没有培根，可以喝一杯麦芽奶。

---

① 译者注：泻盐（Epsom salts），一般指硫酸镁，又称浴盐、镁盐。其水溶液用于外敷或泡澡，有消炎去肿的功效。

18:00　去拳馆训练。开始之前喝一杯热柠檬茶。

19:15　训练结束。

19:45　回家，吃晚餐。半个西柚、一杯果汁或一杯肉汤。一份用橄榄油和柠檬汁拌好的沙拉，不放醋！肉（牛排、排骨或鸡肉）——烤、煮均可，不要油炸。如果你需要增重的话，炖菜是不错的选择，烤土豆也行，但不能吃猪肉、小牛肉、龙虾、虾、蟹以及像意大利面之类的含有淀粉的食物。

餐后甜点可选择炖水果，梅干、杏、梨等，也可以喝杯热茶。不要糕点。

20:15　休息半小时。

20:45　散步 15 分钟。

21:00　上床睡觉。

职业拳手的饮食与业余拳手大致相同，但从时间的安排来看，职业拳手的日程安排要自由得多。职业拳手会在凌晨 5 点半出门跑步。回来后，他可以休息到上午 10 点，然后吃早餐。之后，无所事事到中午，吃午饭或小睡一会儿，这取决于他的体重。下午 2 点半开始训练。结束后，放松至下午 5 点或 5 点半，吃晚饭。晚饭过后自由安排，比如看场电影。晚上 10 点，上床睡觉。

业余拳手既要忙于工作，又要兼顾训练，因此必须保证每晚有 8~9 个小时的睡眠，否则他很快会感到厌倦。在工作上表现得昏昏沉沉，在对抗时无精打采。他每天要在工作、通勤路上以及拳馆内消耗大量的精力，只有在 24 小时内保证 8 小时的睡眠才有可能让身体恢复至最佳状态。睡觉时应该把窗户打开。如果在封闭的房间里入睡，无法获得足够的氧气，更无法让身心获得很好的休息。

在我成为冠军之前，我从不抽烟，也不喝酒。我不会去说教他人，告诫他们应该戒烟戒酒之类的。然而，我相信远离烟酒让我的耐力格外好，使我能够以微弱的优势在几场硬仗中取得胜利。

如果你所在的地区找不到教练或老师，我建议你在试图进行对抗训练之前，先去找医生做一次体检，以确定你的体重是否与身高、骨架以及年龄相匹配。不要听信任何朋友的话，例如，“你的体重应该控制在 70 公斤左右，因为你的身高只有 1.78 米。”你的体重很大程度上取决于你骨架的大小。如果你是大骨架、宽肩膀，但身材相对矮小，即便你只有 1.78 米，最佳的体重也应该是 90 公斤。如果你身材单薄、骨架较小，身高有 1.82 米，你的最佳体重也只能是 75 公斤左右，甚至更轻。此外，如果你恰巧处在快速发育的年纪，你可能会很瘦，全身都是骨头和关节，但这仍属于正常现象。

体重很重要。如果你虚胖无力，你应该通过锻炼和调整饮食来减掉一些体重，让你的身体变得强壮，变得更适合格斗。如果你过于瘦弱，那么正确的锻炼和健康的饮食会帮助你重新建立自信。所以，你应该向医生咨询，你要减掉或者增加多少重量才能达到你的理想体重。

即便你看起来像是马戏团的胖子或行走的骷髅，如果你按照我在本书中所介绍的爆炸性格斗的基本原理进行训练，在格斗时，你仍会有出人意料的表现。你可以凭借一拳或几拳的力量将许多人击倒。但请记住一点：如果你的体重与身高、骨架相匹配，你能够表现得更好。过多的脂肪会拖慢你的速度，并让你在快节奏的格斗中喘不过气来，同时，它也会影响腹肌对身体的保护能力。另一方面，如果你骨瘦如柴，营养不良，你打出的拳在力度上也会有所欠缺，远不如正常体重的拳手的表现；一旦你的身体被击中，你要比正常体重的拳手更难以承受；而且你会更快地感到疲惫。

体重在格斗中是极其重要的。调整至正常体重，正确地使用它，你才能发挥出令人满意的、具有爆炸性的引爆动作。

25

HOW TO WATCH A FIGHT

如何观看一场拳赛

拳击是一项完美的观赏性运动。对于所有人来说，观看和理解一场拳赛要比欣赏任何其他类型的体育比赛更为容易。无论是在格斗俱乐部现场观看还是通过电视观看，这都是确凿无疑的事情。

一场比赛，只能有 2 个人参加。在大约 6 米见方的空间内，所有行为都在明亮的灯光下进行。一般来说，观众不需要具备拳击知识就能判定哪位拳手会赢。然而，如果你想从拳赛中获得更多的愉悦和更丰富的信息，你应该做的就不仅仅是傻傻地坐在那儿观看比赛。

尽管拳赛的形式原始且简单，但它至少在一个方面与大多数其他类型的体育比赛相似：你对参赛选手了解得越多，就越能享受这场比赛。如果你计划去格斗俱乐部或通过电视观看一场拳赛，尽可能提前对两位拳手多做一些了解。在报纸的体育版面上，你可能会找到关于这场拳赛的预告信息。赛前报道通常会提供足够的信息，不仅能激发你的观看兴趣，还会让你对其中一方心生偏爱。你会期待两人立即开战。阅读赛前报道时，首先要留意投注走势。例如，当你看到约翰尼·布朗（Johnny Brown）以 8∶5 的投注优势胜过比利·格林（Billy Green）时，你会事先对这场拳赛的走向有一个大致的了解。投注情况表明，外围下注者在布朗身上投注更多，至少下注者认为布朗比格林更有优势。

接下来，请分析布朗被大家看好的原因。两人此前交过手吗？是布朗赢了吗？布朗在年龄或体重方面有优势吗？面对一个相对稚嫩的年轻拳手，二十五六岁的布朗算是经验丰富的成熟拳手吗？或者，他是一位朝气蓬勃、精力充沛的小伙子，即将与三十一二岁、已经走下坡路的老将对抗？

也许布朗备受青睐是因为他的攻击更具有爆炸性，或者他速度出众、才智过人；也许他此前的参赛经历表明，他曾击败过比格林更厉害的对手。

拳击专栏作者会选择布朗吗？他们对投注情况往往并不是特别认同，因为他们知道赛事简报所提供的信息往往是错误的，因为它过于草率了。我没有统计过押错注的概率，但我相信，在重要赛事中，投注者押中的概率只有 1/3。

参赛的拳手是主场作战，还是来自异国他乡？他在赛事所在地停留的时间是否够长，对当地气候是否适应？

这些赛前报道对参赛拳手的私生活有怎样的描述？某位花花公子型拳手是不是更喜欢光顾酒吧或夜店，而不是去拳馆训练？记住：若想在格斗中取胜，需要进行近乎完美的准备。尽管拳坛历史表明，以米基·沃克（Mickey Walker）、斯坦利·凯切尔、马克西·贝尔（Maxie Baer）、马克西·罗森布卢姆（Maxie Rosenbloom）和肯·奥弗林（Ken Overlin）等人为代表的花花公子型拳手曾多次获得冠军头衔，但他们绝对是例外。

两位参赛拳手的外貌有没有吸引你的地方？通常在比赛开始前，报纸上会刊登参赛拳手的照片。

在你坐下来观看比赛之前，先猜测一下哪位拳手的赢面更大，或者你希望哪位拳手赢。这应该会让你产生观看的兴趣，但是，千万不要让这种先入为主的观念左右你。这是大多数拳迷和拳坛从业者都会犯的错误，由于他们对其中一位拳手有情感偏向，导致他们只能从该拳手的角度出发去审视整场比赛。他们只关注该拳手打出去多少拳，挨了多少拳。他们的眼睛会不知不觉地记录下这样的动作场面：布朗两记刺拳打在了对手嘴上，布朗一记左钩拳击中对手身体，布朗一记右拳击中对手面部，布朗下潜躲开了一记左钩拳，诸如此类。

相反，他们应该看到这样的场景：布朗两记刺拳打在了格林的嘴上，格林一记左钩拳击中了布朗的身体，布朗一记右拳击中了格林的面部，格林躲闪的同时一记左钩拳击中了布朗的头部。

正确观看比赛的秘诀是：把焦点和注意力集中在对战双方身上，而不是只关注其中一人。如果你只从一位拳手的角度去看，几乎可以肯定的是，你会在不知不觉中高估他的表现，只会强调他的高光时刻，而无视对手的攻击次数以及由此产生的击打效果。

对两位拳手保持同等关注，即使你非常喜欢他们其中的一位。

锣声一响，两人来到拳台中央，正式开打。此时，你要观察每个人的表现，看看你所喜欢的拳手是否符合赛前报刊对他的描述，还是他的对手看上去更难以对付。留意判断两人的格斗风格。他们的风格是相似，还是截然不同？两人都是直立式打法，还是其中一方使用了半蹲或低身摇闪式打法？

到底是哪一方对格斗节奏起主导作用，这一点至关重要。因为在势均力敌的对抗中，侵略性强的拳手通常会获胜。然而，如果他的攻击频频落空，并屡遭反击，那么他的侵略性攻击将会是一种缺陷，而不再是优势。

哪一方的刺拳看上去打得更好？他只是用刺拳来试探，还是他的刺拳足够有力，能够击中对手头部使其失去平衡？他的对手在面对这些刺拳时，是阻挡还是侧闪？

反击时使用的技术是刺拳还是右交叉拳，或是击打他的身体？

哪一方的左钩拳打得更好？他是怎么用的？他是不是为了让击打效果更有爆炸性而以紧凑的方式打出的？其左钩拳的命中率如何？对手是否能轻易下潜躲开或上步闪至内侧？如果两位都未能发动击倒性的重击，那么左刺拳和左钩拳发挥更好的那一方可能会获胜。

该拳手是否对自己的攻击和抗击打能力有足够的信心，可以与对手在近距离换拳互拼？或者，当强壮的一方以组合拳“轰炸”时，体重较轻的一方能否巧妙地凭借左刺拳、步法以及防护技术避免与之互拼？对于体重相对较轻的拳手来说，放任自己被擅长重击的拳手所引诱而与之换拳互拼的举动是极为愚蠢的行为。然而，当强壮的一方暂停“轰炸”时，体重较轻的一方必须在其再次“轰炸”之前立即发动攻击。

如果双方都愿意以换拳互拼的形式一决高下，那么这场比赛应该非常刺激。留心观察双方刚进入互拼时的举动，因为当时所发生的事情可能预示了最终的赢家。

在换拳互拼时，其中一方是否比另一方打得更快、更准、更有力？他撼动对手了吗？是将其打得左右摇晃还是不断后退？他在打伤其头部时，是否对其身体也造成了不小的伤害？眉弓、脸颊、嘴角等部位开始冒血了吗？通常来讲，面部的旧伤口会在刚开始拼拳时再次被打开。记住：

一个拳手如果以伤害对手为目标，可对其伤口不停地捶打，直至该部位流血不止。此时，裁判可能会终止比赛（通常要征得拳击委员会医生的同意），判定该拳手技术性击倒（TKO）对手而获胜。

至于鼻子流血，那不太重要。很少拳赛会因为拳手的鼻子出血而终止比赛，除非鼻子出血量过大，有止不住的倾向。

当其中一方被轮番“轰炸”得步履蹒跚时，要特别留意接下来发生的事情。“撼动”对手和使其脚步“蹒跚”之间有很大的不同。当拳手被撼动时，他会由于被猛烈击打而暂时失去平衡——身体不由自主地向后或向两侧摆动，但当他恢复平衡时，他仍然可以很好地控制身体，并重燃斗志。而当他因被猛烈击打而步履蹒跚时，他可能会暂时失去意识并失去对身体的控制。通常情况下，当他在拳台上蹒跚行走时，两膝下坠，双腿发软；有时会眼前发黑，有一两秒钟什么都看不见；而且，两条手臂会软弱无力、松散地垂下来，无法再抬起进行正常的防护；有时他会彻底晕过去。

如果拳手摇摇晃晃，无法正常站立，你要仔细观察他的伤势到底有多严重。他能举起双臂再次防护吗？他能看清对手，并试着和对手缠抱在一起，让昏沉的头脑清醒过来吗？如此，你就立刻对这位步履蹒跚的拳手的处境有了判断。他的对手会迅速抓住机会，发动“致命一击”，将其打倒。通常一拳结实地打到他的下巴上就能让他倒地不起，任由裁判读完 10 秒。

然而，也有例外，譬如，遇到像托尼·扎尔（Tony Zale）那样拥有钢铁之躯的拳手时，即便头部遭遇重拳击打，也只会让他无助地摇晃几下，并不会让他倒下。还有一些拳手可以迅速摆脱“致命一击”的影响，并且能在再次被击倒之前保护自己，重新获得场上的控制权。通常来说，一位拳手在被击倒之前会出现脚步蹒跚的情况，但也有例外。他可能在换拳互拼时被迎面一记左拳或右拳突然击倒；或者，当他失去平衡时又被补上一拳，即便这一拳力度较轻，他也会被击倒。相比被一拳意外击倒的拳手来说，一位步履蹒跚的拳手被击中倒地后更容易在读秒结束后继续倒地不起。

经验丰富的拳手会在裁判数到 8 或 9 之前一直躺在地上，借此时间让头脑清醒一下，然后才起身面对得意扬扬的对手。如果倒地的拳手在裁判数到 10 之前无法站起来，他就会输掉这场比赛。或者，他被打到缆绳外面，在裁判数到 10 之前没能重新站上拳台，他也会被淘汰。

如果拳手已经站立不稳且毫无还手之力，可对手仍在对其无情地殴打，此时，裁判有权介入并终止比赛，以挽救这位头脑昏沉的拳手免于承受更严重的伤害，即使他尚未倒地。

比赛过程中，仔细观察两位拳手是否使用了粗鄙的技术——譬如，用拇指戳对手眼睛，以拳套绑绳部位砸击对手面部，用头顶撞对手，或击打对手腰带下方。这些都是犯规动作。

在美国，拳手不会因为一次犯规而输掉比赛，只有在多次犯规且劝阻无效后才会被取消比赛资格。然而在英国，拳手是否会因犯规动作而丧失比赛资格完全由裁判说了算。在裁判看来，如果一方在他提出警告之后仍以相似的手段蓄意将对手致残，一旦有拳手受到足够的伤害，已经进入危险境地，他将立即终止比赛。

裁判是比赛胜负的唯一裁定者。裁判会记录对战双方的得分情况，并在最后给出判决。在一些国家，比如美国，一场比赛会有 2~3 名裁判。但在英国，比赛的其他工作人员仅有计时员和检查员，他们对比赛结果并没有发言权。

在英国，拳击比赛一直使用积分制。拳手在一个回合中的最高得分是 5 分。因此，每位拳手在同一个回合中可以获得相同的分数，即 5：5，或者，一人在点数上稍有落后或明显落后，比如 5：4 $\frac{3}{4}$，或者 5：4。比赛结束时，裁判员会计算每位拳手的总分，得分高者获胜。

美国的一些州采用的是回合制，由比赛的官方人员（2 名台下评判员和 1 名台上裁判，或 3 位台下评判员）对拳手每个回合的表现进行评分，最终决定比赛胜利的是拳手赢得多少回合，而不是取得多少分。在宾夕法尼亚州（Pennsylvania），如果拳手以较大优势赢得一个回合，他会被记为“大比分”获胜，如果他以微弱优势获胜，则会被记为“小比分”获胜。这种“大”和“小”的评定方式通常可以避免出现平局的情况，尤其是官方裁定双方拳手获胜的回合数相同时。纽约采用的是“回合制”和“积分制”相结合的判定方式。如果官方记录两人获胜的回合数接近，那么就会使用积分来判定谁是获胜方。

在你自行计算某位拳手在一个回合中最高能获得多少分时，先来看一下哪些事情会影响裁判的判决：

① 谁在主导这场比赛？② 谁的出拳命中率最高？③ 被击中次数最多的一方是否给对手造成了一定程度的伤害，该结果能否抵消他在分数上的劣势？④ 谁出拳落空的次数最多？⑤ 谁在换拳互拼时优势获胜？⑥ 赛后谁的情况更糟——脸部划伤、眼睛淤青、耳朵肿胀和疲惫不堪？

通常情况下，如果一位拳手被击倒，他会输掉那一回合。如果他只是由于失去平衡而被意外击倒，那么观众和裁判对他的印象并不会因此受到太大的影响。此外，拳手有可能被干净利落地击倒，但在接下来的比赛中如果他向对手发起了猛烈且有效的攻击，他也会赢下这一回合。

如果拳手在躲闪来拳时滑倒，或者在拳台角落快速移动时脚底打滑，这种滑倒并不是被击倒，该拳手在这一回合的得分也不会受任何影响。

如果你有自己的计分表，等比赛结束后，可以将你的计分表与官方的计分表相比对，这会增加你观看比赛的乐趣。使用简单的回合制即可，如此一来，你的计分行为将会是一种乐趣，而不是一种劳动。在回合比赛进行中，不要试图低头在纸上记录任何东西。眼睛要始终盯着比赛，这很重要。如果你把目光从拳台移开片刻，你可能会错过关键的一拳。

你可以用一张纸参照下图来自制计分卡，任何类型的空白纸张都可以。每回合结束后，将该回合的精彩瞬间简要记录在 3 列表格中。如果有拳手倒地，在对应回合的区域内做一个“X”的标记，如果有拳手受伤，用“)”来标记。如此一来，当比赛结束后，你将得到一张清晰且准确的比赛“快照”。

	我往，一直延续到本回合结束	
4. 刚开场，即以左钩拳将格林的眉弓打开了一道口子。之后，不断打出刺拳。临近结束时，格林又挨了一记结实的右交叉拳	(	
5. 格林针对布朗的头部发起一连串的攻击，使其站立不稳，而布朗以右钩拳击中格林的下巴，使其倒地、读秒，9秒后格林才起身。格林起身后，主动与布朗缠抱在一起。	X	
	)	6. 夺回主导权。以右直拳将布朗的左侧面颊打开了一道口子。侧闪刺拳的同时，击中了布朗的身体
7. 以假动作诱使格林做侧闪时，用钩拳和上钩拳连续击中格林，使其站立不稳		
8. 在几次换拳互拼时占据了优势。格林对比赛有些绝望了		
9. 格林的体力消耗殆尽，只能消极防守。格林的鼻子、嘴角、眉弓都在流血	(	
10. 追打格林。铃声响起前，以左钩拳击中格林的下巴，使其倒地、读秒，9秒后格林才勉强站起来	X	
7	1	2

记分卡

约翰尼·布朗 60.5 公斤，伦敦	平局	比利·格林 61 公斤，利物浦
1. 主导攻击。刚开场即以左钩拳击中格林的下巴，令其站立不稳。之后，继续刺拳击打。铃声响起时，以右直拳击中格林的身体		
	X	2. 夺回主导权。本回合进行到一半时，一记右直拳击中布朗的下巴，令其倒地、读秒，6 秒后布朗起身。此后，格林一直掌控着场上的局势
	3. 格林先以疯狂的钩拳击打布朗，获得 2 分。之后，布朗以右直拳击中格林的下巴，令其站立不稳。双方你来	

译后记

如何看待这本书

小时候，我喜欢看拳击比赛，那时候还没有如今这各式各样的搏击运动及相关赛事，只有央视体育频道的一档名为《世界职业拳王争霸赛》的节目。每逢周末，我便早早写完作业，安心坐在电视机前等着收看。在主持人的解说以及拳手的对抗中，我逐渐了解了一些基本的拳击知识，并知道了那些如雷贯耳的名字：德拉·霍亚、小罗伊·琼斯、刘易斯、莫斯利、特立尼达德、霍普金斯……在这些人当中，让我印象最深的非泰森莫属。至于被誉为拳坛传奇的穆罕默德·阿里，对当时的我来说，其实并没有太深的印象，他在拳坛叱咤风云的时候，我还未出生。而再久远一些的拳王，我更不感兴趣，因为黑白画质的拳赛录像既模糊又粗糙，乍看上去没有太大的视觉冲击力，无法“刺”到我[①]。

后来到县城读初中，有了少许独立支配金钱的自由，我能够每个月从既定的生活费中省出一部分来购买各种武术杂志，其中持续订阅时间最长的是《拳击与格斗》。对男孩子来说，那真是珍贵的精神食粮，无论是拳赛介绍，还是拳坛轶事，甚至是与格斗有关的技术类文章，我都必定要逐字逐句地认真阅读，不错过任何信息。也正是自那时起，我开始疯狂地痴迷李小龙。因为，相比那些外籍拳王，李小龙对我来说更亲切，而且他的魅力以及不平凡的短暂人生经历也更有传奇色彩。

初中毕业后，我去南方求学，一门心思练截拳道。2002年正式踏入社会，以教拳为生。出于教学需要，同时也是为满足自己对李小龙的好奇心，我开始陆续收集与李小龙相关的书籍和影像资料。2005 年前后，我入手了《截拳道之道》（*Tao of Jeet Kune Do*）一书，该书是由李小龙遗孀琳达女士联合吉尔伯特·约翰逊（Gilbert L. Johnson）依据李小龙笔记手稿整理而成。我在书中首次看到了邓普西的名字。李小龙在笔记中写道：“铲钩拳的重要性仅次于远距离冲撞直拳（根据邓普西的说法）。它会使你有机会击倒那些试图抓住你的对手，最不济也能让其瘫软下来（别忘记使用肘击、足踏、膝撞）……”[②] 括弧中的内容应是李小龙在阅读时所做的备注。之后不久，我在

① 罗兰·巴尔特在《明室：摄影札记》中提到，在观看影像作品时，作品中的某一要素会像箭一样从作品中射出来，“射中”观看者，从而使观看者被触动，这一现象被其称为“刺点”（punctum）。

② Bruce Lee, *Tao of Jeet Kune Do*. Ohara Publications, Inc. 1997. p.111.

北京外文书店买到了 *Jeet Kune Do: Bruce Lee's Commentaries on the Martial Way*（《截拳道：李小龙武道释义》），这本书是由琳达授权著名李小龙研究专家约翰 · 里特（John Little）先生查阅所有李小龙笔记，并重新整理而成的，与此前的《截拳道之道》相比，该书条目更清楚，而且附加了多篇未曾公开的内容。在这本书中，杰克 · 邓普西的全名正式出现："杰克 · 邓普西的拳击思想——'在打拳架时，最重要的武器是"引爆"体重。a. 坠步；b. 腿部弹簧式发力；c. 肩 / 腰转动；d. 急剧上提。'"①

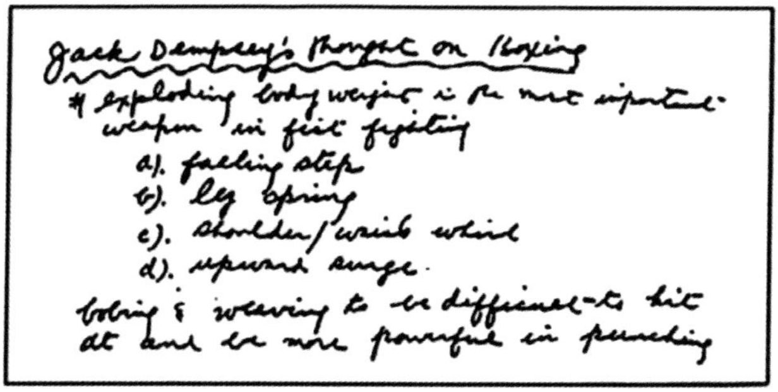
Jack Dempsey's thought on boxing
exploding body weight is the most important weapon in fist fighting
a). falling step
b). leg spring
c). shoulder/waist whirl
d). upward surge.
bobbing & weaving to be difficult to hit at and be more powerful in punching

李小龙笔记：杰克·邓普西的拳击思想

尽管在李小龙这里两次"偶遇"邓普西，但并未引起我的重视，这可能与我当时的知识结构和视野有关。直到 2015 年那封信件的出现，才让我真正开始正视这位对李小龙来说分量足够重要的人物。某一次训练时，学生李超送给我一本李小龙企业授权出版的 *The Treasures of Bruce Lee: The Official*

① Bruce Lee, ed. John Little, *Jeet Kune Do: Bruce Lee's Commentaries on the Martial Way*. Tuttle Publishing, 1997. p. 252.

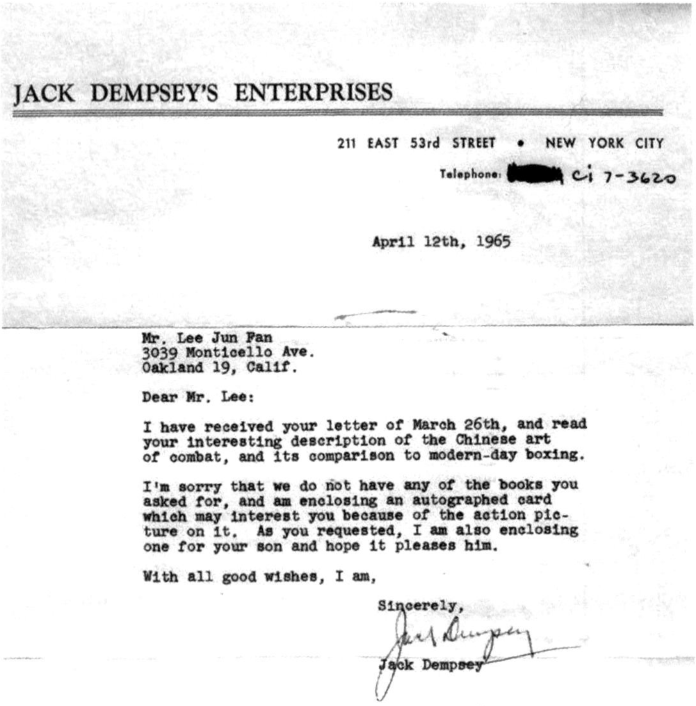

JACK DEMPSEY'S ENTERPRISES

211 EAST 53rd STREET • NEW YORK CITY

Telephone: [redacted] Ci 7-3620

April 12th, 1965

Mr. Lee Jun Fan
3039 Monticello Ave.
Oakland 19, Calif.

Dear Mr. Lee:

I have received your letter of March 26th, and read your interesting description of the Chinese art of combat, and its comparison to modern-day boxing.

I'm sorry that we do not have any of the books you asked for, and am enclosing an autographed card which may interest you because of the action picture on it. As you requested, I am also enclosing one for your son and hope it pleases him.

With all good wishes, I am,

Sincerely,

Jack Dempsey

Jack Dempsey

杰克·邓普西给李小龙的回信

Story of the Legendary Martial Artist（《李小龙珍藏：传奇武术家的官方史料》），在该书收录的众多珍贵藏品中，有一封杰克·邓普西在 1965 年 4 月 12 日给李小龙的回信[①]，由此我才意识到二人之间可能存在着密切“往来”。于是，我开始留意与邓普西有关的信息，并在 2017 年 4 月买到了 *Championship Fighting: Explosive Punching and Aggressive Defense*（《拳王格斗：爆炸式重拳与侵略性防守》，以下简称《拳王格斗》）一书。不过，书籍入手后，仅粗略浏览一番便束之高阁，显然收藏的意味远远大过了学习的目的。

2018 年 4 月初，为了做网络教学直播课，我需要事先对所讲的内容进行备课，将技术要点、训练方法以及技术背景一一整理，于是又重新拿起邓普西的这本书。仔细翻看之后我发现，原来收录在《截拳道之道》一书中所有关于铲钩拳的笔记以及 3 则螺旋钩拳的笔记竟然全部出自这本著作，引文与原文对照，语句用词完全一致，只不过李小龙在摘抄时，将原书中的“left”（左）与“right”（右）对调了，因为截拳道是右侧置前的对敌姿势，与常规的拳击站架完全相反，简举一例如下：

> 在重沙袋前以常规拳架姿势站好……肘部内收，紧贴于髋骨前缘。将半握拳的左手稍向上翻转，使手掌偏向天花板，手掌倾斜之后，应与地板和天花板成 45° 角。与此同时，右手保持正常防护位置。

---

① 详见本书引言。

现在，双脚不动，突然向右转动身体，左侧髋骨会随之出现一个转动、铲起的动作，将左拳狠狠地顶进沙袋，瞬间“引爆”，落点大约是在太阳神经丛（心窝）的高度。左手倾斜的角度会使你的拳峰结实地抵到沙袋上。[①]（杰克·邓普西）

起始姿势（右侧桩架）：肘部内收，紧贴于髋骨前缘。将半握拳的右手稍向上翻转，使手掌偏向天花板，手掌倾斜之后，应与地板和天花板成45° 角。与此同时，左手保持正常防护位置。现在，双脚不动，突然向左转动身体，右侧髋骨会随之出现一个转动、铲起的动作，将右拳狠狠地顶进沙袋，瞬间“引爆”，落点大约是在太阳神经丛（心窝）的高度。右手倾斜的角度会使你的拳峰结实地抵到沙袋上。[②]（李小龙）

这一发现让我兴奋了好长一段时间，也让我对李小龙的学习方式有了进一步的了解，进而重新审视李小龙所遗留下来的笔记。然而，2018 年底，网络教学直播课暂告结束，继续深入探究李小龙与拳击之间的关联一事也因缺乏动力而随之终止。

2020 年 4 月底，好友苑博洋告诉我，其所供职的北京科

① Jack Dempsey, *Championship Fighting: Explosive Punching and Aggressive Defense*. Simon & Schuster, 1950. p.85.

② Bruce Lee, *Tao of Jeet Kune Do*. Ohara Publications, Inc. 1997. p.110.

学技术出版社拿到了杰克·邓普西这本书的版权，正在寻找合适的译者。我非专业拳击出身，仅对拳击稍有了解，但出于对杰克·邓普西拳术理念的好奇，同时也希望能借机继续探究李小龙和拳击之间的关系，所以毛遂自荐，接下了翻译工作。

翻译并非简单的语言转换，它是一种复杂的跨文化交流活动。翻译家贺麟认为，翻译包含了理解、解读、领会、移译等诸多环节，其客观化的结果即为译文，但内在却是译者与原文本之间交往活动的凝结和完成。仅就某一具体的翻译活动而言，对翻译对象的熟悉程度，往往决定了译本的优劣。所以，为了能准确地翻译这本书，我做了不少准备工作。先是收集了所有与拳击有关的书籍，尤其是翻译作品，仔细研读，目的是对翻译文体和特定的拳击术语有基本的了解；其次，通过网络查找杰克·邓普西的相关资料[①]，图片、视频以及生平轶事全在搜寻之列，以期对他多一些感性的认识。这一番搜寻查找，对我的帮助是巨大的。感谢互联网，它让我能够真切地回看历史，并可以借由暂停、放大等功能将以往所忽视的拳赛细节放大，使“模糊”变得“清晰”，从而加深印象、加深理解。在翻译期间，我与友人、学生交谈时，常会不自觉地把邓普西挂在嘴边，不是大谈他生命中的高光时刻，就是激动地分享刚刚厘清的拳术要义，以至于大家都以为我魔怔了。

坦白讲，翻译的过程是畅快且愉悦的，因为总会伴随着

① 搜寻所得已整理成文，详见本书引言。

新知、新感受以及新认识出现。本书在很大程度上改变了我对“打拳”（打拳架和打拳击）的理解，而且对于李小龙和邓普西之间的关联，我也有了更多的发现。

本书与目前市面上正在销售的大多数拳击著作不同的是，杰克·邓普西并不是在单一地讲拳击技术，而是对击倒对手的诸多不同因素进行了非常透彻的分析，通过总结自身多年打拳和教学的经历（酒吧、拳台、拳馆、部队、战场），认真研究顶尖拳手的技术案例，并参阅同时代所有拳击书籍，由打拳的基本常识开始，围绕核心观点（爆炸式重拳和侵略性防守），构建出了一套完整且高效的自卫攻防体系，这也是他在拳坛能够扬名的关键所在。他用简练的图文将独特的格斗理论、攻防技术以及具体的训练方法，以浅显易懂的语言呈现在读者面前。

本书英文版于 1950 年出版后影响深远，之后又多次再版，被视为当之无愧的拳击圣经。杰克·邓普西在书中所介绍的方法也已被事实证明，无论是职业拳手、拳击教练，还是拳击爱好者，都能从中受益。对此，邓普西在书中早已言明：“我对自己所勾勒的体系十分自信。我确信我可以教授毫无拳击基础的初学者，乃至经验丰富的职业拳手，并且告诉他们自卫到底是什么。”

2020 年 11 月 24 日，译稿提交 1 个月后，我仍抑制不住内心的激动，在给约翰·里特先生发邮件时主动提到了这本书：“我认为杰克·邓普西对李小龙的影响很大，这本书让李小龙坚定了自己的格斗理念。”11 月 27 日，李小龙诞辰 80 周年纪念日，我收到约翰·里特先生的回复，他认同我的观点，并分享了他的发现:“我记得我在影印李小龙手稿以及他写在书籍空隙处的笔记时，发现《拳王格斗》是截拳道的一个重要元素。当时我已经在黄锦铭师傅的指导下开始训练了，正如你所知道的那样，他花了很多时间跟李小龙进行私人训练。他在给我上第一堂课时，向我解释了打出立拳时的那条‘力量线’。[①] 他让我站在那里，以立拳方式朝前出拳，拳面抵在他家墙上，接触点是拳面下端的三个指掌关节，他说是李小龙教给他的。后来，我在翻阅李小龙藏书中的《拳王格斗》一书时，发现书中有一幅插图，正好是一个人伸出手臂，把拳面抵在墙上的姿势[②]。这让我意识到黄锦铭师傅教给我的东西是真实的，它来自李小龙。我确信当时他还没看到李小龙书中的注释。我认为李小龙偏爱立拳击打，是因为那类似于他在咏春拳中所学到的日字冲捶，但后来他开始意识到拳击中各种拳法的价值，尤其是以不同角度出拳（比如铲钩拳）。此外，李小龙还从邓普西的书中学到了如何使用‘坠步’，即通过重力来增加出拳的冲击力……”

关于增加出拳的冲击力，李小龙阅读《拳王格斗》时，专门在“引爆”及“后续反应”等段落[③]下面做了重点标记，并总结道:“当放松的手接近目标时，会瞬间握紧，拳头、手臂和肩膀如钢铁般坚硬，从而引发爆炸性的后续反应……举例来说，在拳击中，拳手被教导出拳时要‘贯穿’对手——击

---

① 2009 年 5 月 30 日，我曾赴香港参加黄锦铭师傅的讲习会，那次他也提到了“力量线”。

② 见本书第 43 页。

③ 见本书第 56 页。

中目标的瞬间，不仅要保持原有速度，甚至还要加速，将劲力贯入对方身体，使其被迫改变姿势……下定决心，尽全力给对方以痛击，并以坚定的意志来要求自己，务求在击中目标时一次比一次狠……放松是更快、更有力出拳的必要条件。将你的右拳轻松、自然地打出，不到击中的那一刻，不能有丝毫紧张，更不能握紧拳头。所有的击打必须能贯入目标数英寸，如此一来，你的拳头就会打穿对手，而非点到即止。”[①]

李小龙洛杉矶时期的重要弟子李恺先生曾在 1948 年取得过旧中国第七届全国运动会中丙级拳击冠军，他赴美生活后，于 1967 年拜入李小龙门下研习截拳道。他在教学时亦说道：“在截拳道中，前手冲捶的击打不能在触及目标后立即回收，而是要务求打透，能够在不减缓速度的前提下予以重击。”这一教学主张直接源自李小龙，而李小龙有可能是受杰克·邓普西的影响。在本书中，邓普西写道：“我之所以使用‘左冲撞直拳’的称呼来代替‘左刺拳’，是因为我不想让你将投掷出去的左直拳与现在大多数业余和职业拳手所使用的毫无杀伤力的左直拳或刺拳相混淆。他们中的绝大部分人使用左刺拳连你的帽子都打不掉，他们只会用它来轻快地点击、拍打、拂扫、挠人，就好像是往脸上打粉底一样。”[②] 邓普西的这一主张迥异于时下常见的拳击教学。它具有鲜明的时代特征，在他征战拳坛的那个时代，有许多拳击著作特别注重直拳的有效击打，因为从拳击历史上看，现代拳击源于击剑，而早期的拳击就如同不持剑的击剑，较为注重直线击打，可是随着

---

① Bruce Lee, *Tao of Jeet Kune Do*. Ohara Publications, Inc. 1997. p.96.

② 见本书第 58 页。

时代发展，这一高雅且艺术化的打法却逐渐被摆拳所取代了。摆拳比直拳更容易掌握，但一位真正的拳击高手一定能够打出硬朗、犀利的直拳。

杰克·邓普西的现身说法让李小龙坚定了自己的技术风格，并不断完善着自己的冲捶技术，其典型的推步冲捶的打法，在某种程度上也是受到邓普西的启发。邓普西认为必须通过向前迈步去增强直拳击打的力量，李小龙也在笔记中提到了步法对增强力量的重要性："在趋前攻击时，右脚不能在拳头未击中目标前先行落地，否则，身体重量就会落在地板上，而不是贯入右拳的击打中。记住，要借助左脚蹬地，从地面获取力量。"①

李小龙通过研究拳击，进一步丰富自己的武器库，掌握了后手直拳以及各种钩拳的打法，它们是对直冲捶（前手直拳）的完美补充。除此之外，邓普西在书中所提到的侵略性防守也让李小龙共鸣颇多。一般的拳击教学总是将攻击技术和防守技术同时教授给初学者，但在邓普西看来，这种教学方式是错误的，因为大多数人不可能对一种情形同时具备两种反应。所以，他的理念是先教如何出拳击打，然后再进行侵略性防守的学习。所谓侵略性防守，是指在每次防守时都会伴随着反击——无论是同时反击，还是防守后反击。这与李小龙所接受的咏春拳训练中的连消带打颇为相似。只不过，李小龙在深入研究拳击之后，逐渐减少了连消带打的训练，而是更偏向于躲闪反击，因为这可以将双手解放出来，在躲

① Bruce Lee, *Tao of Jeet Kune Do*. Ohara Publications, Inc. 1997. p.90.

避来拳的同时发起攻击。

与现代拳击教学相比，杰克·邓普西的做法似乎更老派，这与他打拳的经历以及生活的时代有很大关系。如今的拳击早已变成了一项体育运动，但在邓普西看来，拳击是用拳搏击的艺术，其首要目的是教会一个人如何用拳头来自卫，而不是让他戴着拳击手套去参加业余或职业赛事，成为一名“精明”的比赛型拳手。对于打拳的人来说，拳头是他唯一的武器，如何用这个武器快速击倒面前的对手是他唯一要考虑的事情，这也是杰克·邓普西写作的初衷。他早年在酒吧打拳，必须放倒对手才能获取酬劳、解决温饱；之后征战拳坛，他习惯快速解决战斗[①]，以勇猛、残忍的格斗风格著称。早期拳击的规则尚未完善，在击倒对手之后没有读秒环节，对手站起来就可以继续击打。邓普西曾在一个回合中连续 7 次击倒对手，那一情景像极了日常生活中的打斗：原始、本能、自然、粗犷，直接以拳头表达情感。据统计，在邓普西的战绩中，有 60 多场比赛是在首回合以击倒的方式取胜。二战期间，邓普西效力于海岸警卫队，负责格斗教学，其出发点也是要快速解决对手。这一核心理念终生未变。邓普西在 70 多岁时遭遇两名年轻歹徒抢劫，结果他一拳一个将他们放倒。

说回老派，一般而言，老派总会与“过时”扯上关系，但在邓普西看来，无所谓过时与否，有用才是关键。随着拳击运动的发展，拳击越来越远离打拳的初衷，而邓普西的举动让大众能够有机会重新审视打拳的行为，并再次关注那些

① 快速解决战斗也是避免体力消耗的最佳格斗策略。

早已被遗忘和忽视的技术，也正是这一点让李小龙为之着迷、让泰森将他奉为偶像。

最后，翻译本书令我个人受益匪浅。它激活了我小时候观看拳击比赛的记忆，更为我今后的教学注入了新的动力。特别感谢北京科学技术出版社苑博洋老师的信任和鼓励。在翻译过程中，也曾得到好友王浩淼（Bill Mattucci）的支持和帮助，在此一并致谢！

史旭光

2021 年 11 月 30 日于北京

人文武术精品书系

北京科学技术出版社

武学名家典籍丛书

杨澄甫武学辑注 《太极拳使用法》《太极拳体用全书》	杨澄甫　著 邵奇青　校注
孙禄堂武学集注 《形意拳学》《八卦拳学》《太极拳学》 《八卦剑学》《拳意述真》	孙禄堂　著 孙婉容　校注
陈微明武学辑注 《太极拳术》《太极剑》《太极答问》	陈微明　著 二水居士　校注
薛颠武学辑注 《形意拳术讲义上编》《形意拳术讲义下编》 《象形拳法真诠》《灵空禅师点穴秘诀》	薛　颠　著 王银辉　校注
陈鑫陈氏太极拳图说（配光盘）	陈　鑫　著 陈东山　陈晓龙　陈向武　校注
李存义武学辑注 《岳氏意拳五行精义》 《岳氏意拳十二形精义》《三十六剑谱》	李存义　著 阎伯群　李洪钟　校注
董英杰太极拳释义	董英杰　著　杨志英　校注
刘殿琛形意拳术抉微	刘殿琛　著　王银辉　校注
李剑秋形意拳术	李剑秋　著　王银辉　校注
许禹生武学辑注 《太极拳势图解》 《陈氏太极拳第五路·少林十二式》	许禹生　著 唐才良　校注
张占魁形意武术教科书	张占魁 著　王银辉 吴占良　校注
王茂斋太极功	季培刚　辑校
太极拳正宗	杜元化　著　王海洲　点校
太极拳图谱（光绪戊申陈鑫抄本）	陈鑫　著　王海洲　藏
黄元秀武学辑录 《太极要义》《武当剑法大要》 《武术丛谈续编》	黄元秀　编著 崔虎刚　点校

功夫探索丛书

内家拳的正确打开方式	刘　杨　著
借力——太极拳劲力图解	戴君强　著
武学内劲入门实操指导	刘永文　著
武术的科学：实战取胜的秘密	［日］吉福康郎　著　宋卓时　译
格斗技的科学：以弱胜强的秘密	［日］吉福康郎　著　宋卓时　译

格斗大师系列

伊米大师以色列格斗术	［以］伊米·利希滕费尔德，伊亚·雅尼洛夫　著　汤方勇　译
拳王格斗：爆炸式重拳与侵略性防守	［美］杰克·邓普西　著　史旭光　译

老谱辨析丛书

马国兴释读杨氏老谱三十二目	马国兴　注释　崔虎刚　整理
马国兴释读太极拳论	马国兴　注释　崔虎刚　整理
马国兴释读浑元剑经	马国兴　注释　崔虎刚　整理